D1870109

VERONIQUE JARRY

Wie finde ich meinen Schutzengel

Der Geburtstag und die himmlischen Mächte

Aus dem Amerikanischen übertragen
von Angelika Hansen

WILHELM HEYNE VERLAG
MÜNCHEN

HEYNE ESOTERISCHES WISSEN
Herausgegeben von Michael Görden
13/9835

Die amerikanische Originalausgabe erschien unter dem Titel
WHO IS YOUR GUARDIAN ANGEL
im Verlag Warner Books, Inc., New York

Umwelthinweis:
Dieses Buch wurde auf chlor- und säurefreiem Papier gedruckt.

2. Auflage

Deutsche Erstausgabe 9/2000
Copyright © 1998 by Veronique Jarry
This edition is published by arrangement with
Warner Books, Inc., New York. All rights reserved.
Copyright der deutschsprachigen Ausgabe 2000 by
Wilhelm Heyne Verlag GmbH & Co. KG, München
http://www.heyne.de
Printed in Germany 2001
Lektorat: Renate Schilling
Umschlaggestaltung: Atelier Bachmann & Seidel, Reischach
Umschlagillustration: Peter Paul Rubens/
Archiv für Kunst und Geschichte, Berlin
Satz: Gramma GmbH, München
Druck und Bindung: Presse-Druck Augsburg

ISBN 3-453-17364-3

Für meinen Vater, der immer bei mir ist

Für Anthony,
seine Unterstützung und seinen Glauben an mich

Mein tief empfundener Dank geht an meine Mutter und Michele für ihre wunderbaren Ideen, an Oliver, meinen größten Helfer, und an all die besonderen Menschen in meinem Leben – Familie wie Freunde –, die mir ihre Hilfe und Unterstützung haben zuteil werden lassen.

Und John werde ich nie genug für seine Geduld danken können, für seine Führung und seine glückliche Hand!

Inhalt

Einführung

Wir alle haben unsere Schwächen und Stärken. Unser Schutzengel ist da, um uns dabei zu helfen, unsere Schwächen zu überwinden und unsere wahren Begabungen zu entdecken.
In den überlieferten Schriften aller großen Religionen erfahren wir von der Existenz der Schutzengel. Sie sind immer hier unter uns, denn sie sind die Verbindung zwischen Mensch und Himmel!
Vergleichbar einem »Super-Bodyguard« sind sie das Wesen, das Ihnen stets hilft und beisteht und das Ihnen in dem Augenblick, als Sie das Licht der Welt erblickten, mit genau dieser Aufgabe zugeteilt wurde. Ihr Schutzengel möchte Sie leiten und beschützen und hat Ihnen Talente verliehen, von denen Sie vielleicht noch gar nichts wissen!
Der Zweck des vorliegenden Buches besteht darin, Ihnen zu helfen, mehr über Ihren Schutzengel zu erfahren, über sich selbst, über die Menschen, die Ihnen nahe stehen, und darüber, wie Sie Ihr Leben verbessern können.
Sie besitzen Gaben, die Sie nutzen können, wenn Sie erst einmal herausgefunden haben, wer Ihr Schutzengel ist!

Stammbaum der Schutzengel

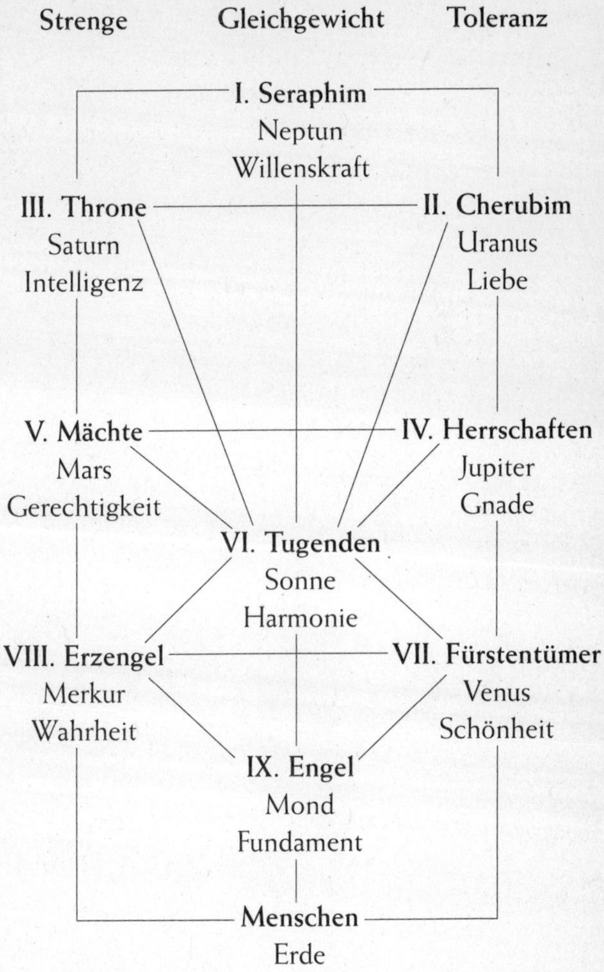

Es gibt zweiundsiebzig Schutzengel: neun Familien mit jeweils acht Schutzengeln. Jede dieser Familien wird von einem Erzengel angeführt und weist besondere Eigenschaften auf, die allen Familienmitgliedern gemeinsam sind.

SERAPHIM	Führender Erzengel:	Metatron
CHERUBIM	Führender Erzengel:	Raziel
THRONE	Führender Erzengel:	Zaphkiel
HERRSCHAFTEN	Führender Erzengel:	Zadkiel
MÄCHTE	Führender Erzengel:	Camael
TUGENDEN	Führender Erzengel:	Raphael
FÜRSTENTÜMER	Führender Erzengel:	Haniel
ERZENGEL	Führender Erzengel:	Michael
ENGEL	Führender Erzengel:	Gabriel

Kalender der Schutzengel

JANUAR	01. bis 05.01.	06. bis 10.01.	11. bis 15.01.
	NEMAMIAH Erzengel	IEILAEL Erzengel	HARAHEL Erzengel
	16. bis 20.01.	21. bis 25.01.	26. bis 30.01.
	MITZRAEL Erzengel	UMABEL Erzengel	IAHHEL Erzengel
FEBRUAR	31.01. bis 04.02.	05. bis 09.02.	10. bis 14.02.
	ANNAUEL Erzengel	MEHRIEL Erzengel	DAMABIAH Engel
	15. bis 19.02.	20. bis 24.02.	25. bis 29.02.
	MANAKEL Engel	EIAEL Engel	HABUIAH Engel
MÄRZ	01. bis 05.03.	06. bis 10.03.	11. bis 15.03.
	ROCHEL Engel	JABAMIAH Engel	HAIAIEL Engel
	16. bis 20.03.	21. bis 25.03.	26. bis 30.03.
	MUMIAH Engel	VEHUIAH Seraphim	JELIEL Seraphim
APRIL	31.03. bis 04.04.	05. bis 09.04.	10. bis 14.04.
	SITAEL Seraphim	ELEMIAH Seraphim	MAHASIAH Seraphim
	15. bis 20.04.	21. bis 25.04.	26. bis 30.04.
	LELAHEL Seraphim	ACHAIAH Seraphim	CAHETHEL Seraphim

MAI	01. bis 05.05.	06. bis 10.05.	11. bis 15.05.
	HAZIEL Cherubim	ALADIAH Cherubim	LAUVIAH Cherubim
	16. bis 20.05.	21. bis 25.05.	26. bis 31.05.
	HAHAIAH Cherubim	IEIAZEL Cherubim	MEBAHEL Cherubim
JUNI	01. bis 05.06.	06. bis 10.06.	11. bis 15.06.
	HARIEL Cherubim	HAKAMIAH Cherubim	LAVIAH Throne
	16. bis 21.06.	22. bis 26.06.	27.6. bis 01.07.
	CALIEL Throne	LEUVIAH Throne	PAHALIAH Throne
JULI	02. bis 06.07.	07. bis 11.07.	12. bis 16.07.
	NELCHAEL Throne	IEIAIEL Throne	MELAHEL Throne
	17. bis 22.07.	23. bis 27.07.	28.7. bis 01.08.
	HAHUIAH Throne	NITHAIAH Herrschaften	HAAIAH Herrschaften
AUGUST	02. bis 06.08.	07. bis 12.08.	13. bis 17.08.
	IERATHEL Herrschaften	SEEHIAH Herrschaften	REIIEL Herrschaften
	18. bis 22.08.	23. bis 28.08.	29.08. bis 2.09.
	OMAEL Herrschaften	LECABEL Herrschaften	VASARIAH Herrschaften
SEPTEMBER	03. bis 07.09.	08. bis 12.09.	13. bis 17.09.
	IEHUIAH Mächte	LEHAHIAH Mächte	CHAVAKIAH Mächte
	18. bis 23.09.	24. bis 28.09.	29.09. bis 03.10.
	MENADEL Mächte	ANIEL Mächte	HAAMIAH Mächte

OKTOBER	04. bis 08.10.	09. bis 13.10.	14. bis 18.10.
	REHAEL Mächte	IHIAZEL Mächte	HAHAHEL Tugenden
	19. bis 23.10.	24. bis 28.10	29.10. bis 02.11.
	MIKAEL Tugenden	VEVALIAH Tugenden	IELAHIAH Tugenden
NOVEMBER	03. bis 07.11.	08. bis 12.11.	13. bis 17.11.
	SEALIAH Tugenden	ARIEL Tugenden	ASALIAH Tugenden
	18. bis 22.11.	23. bis 27.11.	28.11 bis 02.12.
	MIHAEL Tugenden	VEHUEL Fürstentümer	DANIEL Fürstentümer
DEZEMBER	03. bis 07.12	08. bis 12.12.	13. bis 16.12.
	HAHAZIAH Fürstentümer	IMAMIAH Fürstentümer	NANAEL Fürstentümer
	17. bis 21.12.	22. bis 26.12.	27. bis 31.12.
	NITHAEL Fürstentümer	MEBAHIAH Fürstentümer	POIEL Fürstentümer

Jedem Menschen wird bei der Geburt ein Schutzengel zugewiesen. Ihr Engel wird Sie Ihr ganzes Leben lang beschützen. Ihr Geburtsdatum bestimmt, wer Ihr Schutzengel ist.
Jeder Engel regiert fünf Grade des Tierkreises bzw. fünf Tage des Jahres. Wenn Sie während dieser fünf Tage geboren wurden, ist dieser Engel Ihr Schutzengel. Sind Sie zum Beispiel am 22. März zur Welt gekommen, ist Vehuiah Ihr Schutzengel, der Engel des 21. bis 25. März (siehe Schutzengel-Kalender). Und genauso, wie Ihr Sternzeichen Ihnen bestimmte Charaktereigenschaften verleiht, tut dies auch Ihr Schutzengel. Ihr Engel erhält seine Kräfte aus zwei Quellen: Er

repräsentiert die himmlischen Mächte seines Erzengels, des Führers seiner Familie, und den Einfluss des Sternzeichenbereichs, den er regiert.

Schutzengel sind hier, um zu helfen. Sie wurden geschickt, um ihre göttlichen Kräfte einzusetzen und uns bei unseren menschlichen und materiellen Schwierigkeiten beizustehen. Die Engel sind gütig und sie werden Ihnen immer zuhören und Ihnen helfen. Sie sollten daher ohne Zögern mit Ihrem Engel wie mit Ihrem besten Freund reden! Ihr Schutzengel ist immer für Ihre Bitten und Wünsche da.

Lassen Sie sich ganz von Liebe durchströmen, öffnen Sie Ihre Seele und denken Sie von ganzem Herzen an Ihren Engel. Sie können jederzeit mit ihm kommunizieren, Tag und Nacht. Außerdem können Sie die Hilfe anderer Schutzengel anrufen, sollten deren Kräfte Ihren Bedürfnissen besser entsprechen. In solchen Fällen gibt es bestimmte Tage, um mit ihnen in Kontakt zu treten:

Familie der Tugenden:	Sonntag
Familie der Engel:	Montag
Familie der Mächte:	Dienstag
Familie der Erzengel:	Mittwoch
Familie der Herrschaften:	Donnerstag
Familie der Fürstentümer:	Freitag
Familie der Throne:	Samstag
Familie der Cherubim:	an jedem Tag
Familie der Seraphim:	an jedem Tag

Und nun finden Sie heraus, wer Ihr Schutzengel ist!

Alles ist möglich, wenn Sie mit Ihrem Schutzengel zusammenarbeiten!

I.

Die Familie der

Seraphim

FÜHRENDER ERZENGEL: METATRON
PLANET: NEPTUN

Eigenschaften dieser Familie:

WILLENSKRAFT

Quelle des Lebens und der Willenskraft
Intellekt und Denken
Scharfsinn
Diese Familie ist Gott am nächsten.

1
Vehuiah

Erster Engel der Seraphim

Für alle vom 21. bis 25. März Geborenen

Vehuiah ist der Engel von

Steve McQueen
Joan Crawford
Elton John
Arturo Toscanini
Timothy Dalton
Anthony van Dyck
George Benson
Moses Malone

Seine Schützlinge sind einfach nicht aufzuhalten ... sie haben eine solch ungeheure Lebenskraft! Sie tragen das Feuer des Lebens in ihrem Inneren, die Kraft des Erschaffens.
Vehuiah regiert die ersten Strahlen der Sonne. Er ist von einer solchen Leuchtkraft, dass seine Schützlinge mit Energie geladen sind und mit allem Erfolg haben können, was sie sich vornehmen, vor allen Dingen mit neuen Unternehmungen!
Vehuiah kann seinen Protegés helfen, Zorn zu beschwichtigen und weise zu handeln. Dadurch können sie selbst die schwierigsten Aufgaben meistern. Sie sind in der Lage, alles zu erreichen und neue Rekorde aufzustellen. Sie haben die innere Kraft, Not und Missgeschick zu überwinden. Sie besitzen einen klaren, scharfen Verstand und große Intelligenz. Sie haben klare Vorstellungen von sich selbst und erkennen auf Anhieb Fallen und Betrügereien. Sie sind mutig, direkt und dynamisch und zeichnen sich durch eine große Überzeugungskraft aus.
Ihre Talente liegen besonders im Bereich der Kunst und Wissenschaft. Sie sind nicht selbstsüchtig, sondern besitzen ein großes Herz. Andere Menschen bringen ihnen tiefe Liebe entgegen und ihre Gefühle sind allumfassend und intensiv.

2
Jeliel

✻

Zweiter Engel der Seraphim

Für alle vom 26. bis 30. März Geborenen

Jeliel ist der Engel von

Sandra Day O'Connor
Francisco Goya
John Tyler
Raphael
Cyrus Vance
Diana Ross
Tennessee Williams
Tracy Chapman
Vincent van Gogh
Eric Clapton

Jeliel lenkt das Schicksal von Königen und hohen Würdenträgern. Er lässt jene siegreich sein, die ungerecht angegriffen wurden. Er hilft dabei, den Gehorsam anderer zu erlangen und Rebellionen im Keim zu ersticken.
Jeliel hilft seinen Schützlingen, edelmütig und fair zu sein. Ihre Intelligenz kann ihre Instinkte kontrollieren, sodass sie das, was in ihnen selbst minderwertig ist, beherrschen können. Das erlaubt ihnen, nach höheren Werten zu leben. Ihre moralischen Wertvorstellungen gestatten es ihnen, eine Situation unparteiisch zu beurteilen und unvoreingenommen Rat zu erteilen. Sie sind in der Lage, alle Arten von Konflikten oder Meinungsverschiedenheiten zu klären und Ordnung zu schaffen, wo vorher Chaos war.
Die Protegés dieses Schutzengels können sehr idealistisch sein. Sie besitzen gesunden Menschenverstand und innere Stärke und wissen, wie sie andere überzeugen können. Verantwortungsbewusst, unabhängig und loyal, haben sie außerdem die Begabung, ihre Ideen und Vorstellungen praktisch zu verwirklichen. Vor allem im Bereich der Justiz und in jeglicher Art von konstruktiver oder kreativer Arbeit können sie sehr erfolgreich sein.
Darüber hinaus inspiriert Jeliel zu leidenschaftlichen Gefühlen. Er unterstützt seine Schützlinge darin, ein erfülltes Liebesleben und eheliche Treue zu erfahren. Man bringt ihnen Respekt und unerschütterliche Liebe entgegen.

3

Sitael

✻

Dritter Engel der Seraphim

Für alle vom 31. März bis 4. April Geborenen

Sitael ist der Engel von

Hans Christian Andersen
Debbie Reynolds
René Descartes
Marlon Brando
Alec Guinness
Eddie Murphy
Jane Goodall
Alec Baldwin
Marvin Gaye
Donald Sutton

Folgen Sie Ihren Ideen, denn Sie haben die Fähigkeit, sie in die Tat umzusetzen!
Sitael regiert den Adel und beseitigt Übel und Not. Sitael kann seinen Schützlingen helfen, jegliche Art von Missgeschick zu überwinden. Mit Klarsichtigkeit, Pragmatismus und harter Arbeit sind sie in der Lage, alle ihre Wünsche und Vorstellungen erfolgreich zu verwirklichen und die materiellen Probleme des Lebens zu lösen.
Was zeichnet sie sonst noch aus? Hoffnung. Hoffnung nicht nur für sich selbst, sondern auch für die Menschen in ihrer Umgebung. Sitael ermöglicht es seinen Protegés, in der Wahrheit zu leben und sie zu verteidigen, ihr Wort zu halten und alles zu tun, um anderen Menschen zu helfen. Sie können den Bedürftigen Hoffnung bringen. Ehrlich und von aufrichtiger Gesinnung sind sie vorzüglich geeignet, bei Auseinandersetzungen der verschiedensten Art zum Friedensstifter zu werden. Sie können unvoreingenommene Urteile fällen und sind in der Lage, gegnerische Parteien miteinander zu versöhnen.
Sitael beschützt außerdem vor der Verletzung durch Waffen und vor wilden Tieren.

4
Elemiah

❋

Vierter Engel der Seraphim

Für alle vom 5. bis 9. April Geborenen

Elemiah ist der Engel von

Colin Powell
Billie Holiday
Francis Ford Coppola
Paul Robeson
Herbert von Karajan
Spencer Tracy
Harry Houdini
Jacques Brel
Bette Davis

Elemiah regiert den Bereich der Reisen und Meeresexpeditionen. Er hilft seinen Schützlingen, nützliche Entdeckungen zu machen und sich an erfolgreichen Unternehmungen zu beteiligen. Mit anderen Worten, er unterstützt sie darin, den Weg zu Erfolg und Macht zu finden! Er gewährt seinen Protegés das Talent, jegliche Situation zu korrigieren. Wenn eine Sache nicht richtig läuft, werden sie den Fehler entdecken und wissen, wie die Angelegenheit positiv verändert werden kann.

Sie können die richtigen beruflichen Entscheidungen für sich und andere treffen und wissen, wann sie Veränderungen vornehmen müssen. Mit ihrer magnetischen Anziehungskraft und Energie finden sie jederzeit die richtigen Mitarbeiter und Elemiah wird ihnen dabei helfen, Sorgen und Stress zu überwinden und eventuelle Verräter zu entlarven. Sie können hart arbeiten, besitzen einen starken Willen und zudem eine ausgeprägte Vorstellungskraft.

Sie genießen es, unterwegs zu sein und neue Länder zu sehen, und auf ihren Reisen stehen sie immer unter Elemiahs Schutz. Wie praktisch!

5
Mahasiah

✵

Fünfter Engel der Seraphim

Für alle vom 10. bis 14. April Geborenen

Mahasiah ist der Engel von

Thomas Jefferson
Omar Sharif
Matthew Perry
F. W. Woolworth
Charles Evans Hughes
Samuel Beckett
Ellen Goodman
Loretta Lynn
Joseph Pulitzer
Pete Rose

Hier haben wir die Stützen der Gesellschaft!
Mahasiah verleiht seinen Protegés eine außerordentlich starke moralische Kraft, die durch nichts zerstört werden kann. Seine Schützlinge sind die geborenen Führer, stark und von ausgeprägter Willenskraft. Doch wollen sie in erster Linie Harmonie in ihre Umgebung bringen. Mahasiah kann ihnen dabei helfen, Ausgeglichenheit zu finden, indem er sie bei ihrem Wunsch unterstützt, mit jedem in Frieden zu leben.
Seine Schützlinge besitzen sowohl moralischen als auch materiellen Reichtum und finden ihren Weg zu Ruhm und Glück. Ausgestattet mit großer Überzeugungskraft und Kühnheit, haben sie die Fähigkeit, ebenso auch diplomatisch vorzugehen. Sie zeichnen sich durch Mut, Kraft und Verantwortungsbewusstsein aus. Sie sind zuverlässig und können eventuelle Schwierigkeiten in ihrem Leben leicht überwinden.
Mahasiah unterstützt seine Schutzbefohlenen beim Lernen und die höheren Wissenschaften (Philosophie, Esoterik, Kunst etc.) bereiten ihnen keine Schwierigkeiten. Sie besitzen große Intelligenz und umfassendes Wissen. Sie sind angenehm, freundlich und ausgesprochene Charmeure. Sie wissen sich auszudrücken und entwickeln sich im Kreise anderer Menschen schnell zum Zentrum der Aufmerksamkeit.
Sie lieben das Leben und all seine Wonnen, einschließlich zahlreicher Liebesaffären!

6
Lelahel

✹

Sechster Engel der Seraphim

Für alle vom 15. bis 20. April Geborenen

Lelahel ist der Engel von

Leonardo da Vinci
George Cadbury
Paloma Picasso
P. W. Pillsbury
Claudia Cardinale
Wilbur Wright
Jessica Lange
Charlie Chaplin
Bessie Smith

Venus hat hier das Sagen!
Lelahel regiert Liebe, Kunst, Wissenschaft, Ruhm und Glück. Lelahel kann alles erhellen und verbessern: Gesundheit, Liebe, alles Erschaffene, sämtliche materiellen Angelegenheiten. Seinen Protegés werden die verschiedensten Talente gewährt und sie können vor allem in den Bereichen von Kunst und Wissenschaft sehr erfolgreich sein. Sie können Dinge erfinden, kreieren oder entdecken. Was immer sie tun, Ruhm und Erfolg sind in ihrer Reichweite, und sie können sowohl durch ihre Arbeit als auch durch sonstige Aktivitäten berühmt werden. Doch sollten sie sich vor illegalen Beschäftigungen oder übertriebenen Ambitionen hüten!
Von ausgezeichneter Gesundheit und vielseitig begabt, wird ihnen außerdem ein reiches Maß an Liebe gewährt. Freundlich, großzügig und angenehm im Umgang, ist es sehr wahrscheinlich, dass sie von vielen geliebt werden und ein glückliches Leben führen.

7
Achaiah

Siebter Engel der Seraphim

Für alle vom 21. bis 25. April Geborenen

Achaiah ist der Engel von

J. Robert Oppenheimer
Jack Nicholson
William Shakespeare
Shirley Temple
Charlotte Brontë
Shirley MacLaine
Guglielmo Marconi
Barbra Streisand
Immanuel Kant
Al Pacino
Ella Fitzgerald

Achaiah regiert die Geduld und die Entdeckung der Naturgeheimnisse.
Seinen Schützlingen verleiht er eine hohe Intelligenz und einen ausgeprägten Sinn dafür, Dinge zu begreifen. Achaiah möchte, dass seine Protegés den Wunsch haben, zu lernen, zu verstehen, zu analysieren – was zu vielen Entdeckungen führen kann. Das ist eine Arbeit, zu der viel Geduld erforderlich ist, und Achaiah hilft, diese Geduld zu erlangen.
Sie sind sehr intelligent und haben einen analytischen Verstand, der es ihnen erlaubt, alles zu verstehen und die richtigen Ideen oder die optimale Lösung für eine Situation zu finden. Seine Schützlinge wollen nützliche Dinge lernen und es fällt ihnen leicht, neue Ideen, neue Konzepte oder neue Techniken zu entwickeln. Achaiah hilft ihnen, das herauszufinden, was von vorrangiger Bedeutung ist, selbst wenn es hinter einer Fassade verborgen liegt oder nur in rudimentärer Form existiert. Ihre Intelligenz ist ständig herausgefordert, sich in Bereiche jenseits vorgefasster Ideen oder etablierter Denkweisen zu begeben. Organisiert und mit beiden Beinen auf dem Boden stehend, können diese Menschen jede schwierige Aufgabe meistern. Zudem besitzen sie ein ausgeprägtes Kommunikationstalent.
Sie haben ein fürsorgliches und beschützendes Wesen und lieben es, von intelligenten Menschen umgeben zu sein.

8

Cahethel

✻

Achter Engel der Seraphim

Für alle vom 26. bis 30. April Geborenen

Cahethel ist der Engel von

Ulysses S. Grant
Willie Nelson
James Monroe
Jerry Seinfeld
William Randolph Hearst
Michelle Pfeiffer
Samuel Morse
Eugène Delacroix
John James Audubon
Duke Ellington
Charles Richter

Cahethel herrscht über das Land und seine Fruchtbarkeit. Er schenkt seinen Protegés Segen und Schutz, sodass sich für sie immer alles zum Besten wendet. Er hält böse Geister fern und schenkt Gotteserkenntnis. Solange seine Schützlinge sich ihrer Segnungen bewusst sind, wird ihnen alles gelingen.
Sie verbringen gern viel Zeit in der Natur und auf dem Land. Möglicherweise arbeiten sie in der Landwirtschaft oder in verwandten Bereichen. Doch sie können durchaus auch in anderen Gebieten tätig sein, immer mit produktiven Ergebnissen! Sie sind dynamisch und besitzen den inneren Geist und die Ausdauer, um alle Hindernisse erfolgreich zu überwinden. Dank ihrem natürlichen Talent für Kommunikation können sie sich verbal oder schriftlich besonders gut ausdrücken, sodass sie mit ihrer Arbeit hohe Ebenen und gesellschaftlichen Erfolg erreichen werden.
Sie sind ebenso unabhängig wie gesellig und wissen, wie man ein gemütliches Zuhause schafft. Mit Cahethels Hilfe gelingt es ihnen, das optimale Gleichgewicht zwischen Arbeit und Familie zu finden.

II.

Die Familie der

Cherubim

FÜHRENDER ERZENGEL: RAZIEL
PLANET: URANUS

Eigenschaften dieser Familie:

LIEBE

Weisheit und Liebe
Toleranz und Sanftmut
Intelligenz und Denkvermögen

9
Haziel

❋

Erster Engel der Cherubim

Für alle vom 1. bis 5. Mai Geborenen

Haziel ist der Engel von

Golda Meir
Horace Mann
Audrey Hepburn
Bing Crosby
Sigmund Freud
James Brown
Benjamin Spock
Tyrone Power

»Ich fühle mich wunderbar«, sagte James Brown. Kein Wunder, bei solch einem Schutzengel!
Haziel gewährt göttliche Vergebung. Er hilft seinen Protegés, in Liebe zu leben. Begnadet im Bereich von Liebe und Freundschaften, können sie eine beachtliche Menge dieser Gefühle geben und auch erhalten. Ihre Beziehungen mit anderen sind problemlos und ihre Freundschaften tief und dauerhaft. Haziel hilft ihnen dabei, die Unterstützung und das Wohlgefallen einflussreicher Menschen zu gewinnen, und man wird sie vielfach sehr schätzen.
Die Schützlinge dieses Engels geraten immer wieder in glückliche Umstände, solange sie nur versuchen, diplomatisch zu sein und Konflikte zu vermeiden. Haziel hilft ihnen dabei, Zuversicht zu bewahren, Versöhnungen herbeizuführen, ehrlich zu sein und zu ihrem Wort zu stehen. Sie sind in der Lage, harmonische Beziehungen zu ihrer Familie zu entwickeln, und sie halten stets ihre Versprechen.
Versöhnlich und sehr empfindsam sind sie schnell bereit, anderen zu vergeben. Sie besitzen ein großes Herz und teilen ihre Gaben und Talente bereitwillig mit allen Menschen in ihrer Umgebung. Sie haben ein ruhiges Naturell, sind fürsorglich und charmant. In der Liebe können sie tief empfinden und treu sein.

10
Aladiah

Zweiter Engel der Cherubim

Für alle vom 6. bis 10. Mai Geborenen

Aladiah ist der Engel von

Harry Truman
Orson Welles
Fred Astaire
Thomas Lipton
Rudolph Valentino
Candice Bergen
Peter Tschaikowsky
Sonia Rykiel
Glenda Jackson

Aladiah besitzt die Macht des Heilens, körperlich wie seelisch. Er hilft seinen Schützlingen, bei guter Gesundheit zu bleiben und in glückbringende Unternehmungen involviert zu sein.
Seine Protegés haben die Möglichkeit, ihr Leben völlig umzustellen, wenn sich die Dinge negativ entwickeln. Aladiah gibt ihnen immer wieder die Kraft, ihr Leben zu verändern und zu verbessern. Sie können ihre eigenen Fehler überwinden und sich von der Vergangenheit befreien. Diese regenerative Kraft ermöglicht es ihnen, ihre private und berufliche Situation stets zu verbessern und einen Zustand der Harmonie zu erreichen. Das kann ihnen helfen, in ihrem Metier zu den Besten zu gehören und auf diese Weise in dem von ihnen gewählten Bereich erfolgreich zu sein.
Sie sind gerecht, ernsthaft, verfolgen unerschütterlich ihre Ziele und arbeiten hart. Gleichzeitig sind sie äußerst empfindsam, was ihnen nicht nur in ihrem Beruf zugute kommt, sondern generell zu Harmonie und Gleichgewicht in ihrem Leben führt.
Sie werden von allen respektiert.

11
Lauviah

✻

Dritter Engel der Cherubim

Für alle vom 11. bis 15. Mai Geborenen

Lauviah ist der Engel von

Salvador Dalí
Gabriela Sabatini
Stevie Wonder
Daphne du Maurier
Thomas Gainsborough
Henry Fonda
Tom Snyder
George Carlin
Martha Graham
Joe Louis
Katharine Hepburn

Lauviah ist der Beschützer vieler berühmter Persönlichkeiten. Er sorgt dafür, dass seine Schutzbefohlenen siegreich sind. Er wirkt auf wichtige Personen und auf jene ein, die aufgrund ihres Talentes berühmt werden. Kein Wunder, denn Lauviah garantiert Ruhm, Reichtum und Glanz!
Seine Protegés sind begabt und kreativ. Sie zeichnen sich durch eine reiche Vorstellungskraft aus und wissen, wie man mit einflussreichen Menschen umgeht, ihre Freundschaft erringt und sich ihre Unterstützung sichert. Daher sind sie finanziell meist abgesichert und in dem von ihnen gewählten Beruf anerkannt. Sie können sehr erfolgreich sein und ganz nach oben kommen. Es ist möglich, dass sie dadurch arrogant oder eifersüchtig werden. Doch solange sie nicht zum Opfer dieser negativen Gefühle werden, wird Lauviah dafür sorgen, dass seine Protegés sich stets ihrer privilegierten Situation erfreuen können.
Mit ihrem ausgeprägten Sinn für Humor, der bis zur Ironie reichen kann, bereitet es ihnen viel Vergnügen, zu spielen und Spaß zu haben. Sie zeichnen sich außerdem durch eine magnetische Anziehungskraft aus. Und im Falle eines Falles schützt Lauviah auch vor Blitz und Donner.

12
Hahaiah

Vierter Engel der Cherubim

Für alle vom 16. bis 20. Mai Geborenen

Hahaiah ist der Engel von

Papst Johannes Paul II.
Frank Capra
Malcolm X
Kathleen Sullivan
Lorraine Hansberry
James Stewart
Cher
Joe Cocker
Margot Fonteyn
Eric Gregg

Hahaiah ist der Engel der Zuflucht, der höchste Schutz vor Not und Unglück!
Er regiert die Gedanken und Träume und enthüllt den Menschen versteckte Geheimnisse. Er hält Unglück ab und zeigt seinen Schützlingen, wie sie ihre Situation verbessern können. So vor schlechten Einflüssen bewahrt, können sie Glück und Liebe miteinander in Einklang bringen.
Hahaiah möchte, dass seine Protegés ein hohes moralisches Niveau und angenehme Umgangsformen haben. Er hilft ihnen, weise und spirituell zu sein. Da sie die göttliche Vorsehung auf ihrer Seite haben, sind diese »Boten der Liebe« in der Lage, ihrer Liebe auf den verschiedensten Ebenen Ausdruck zu geben. Sie können gleichzeitig spirituell und leidenschaftlich sein. Sie wollen Frieden bringen und jene trösten, denen es schlecht geht. Weit entfernt von jeglicher Selbstbezogenheit, ist es ihnen ein Bedürfnis, den Wesen in ihrem Umfeld grenzenlose Harmonie und allumfassenden Schutz zu schenken. Sie haben einen ausgeprägten Gerechtigkeitssinn und viel Energie, sind hingebungsvoll und idealistisch. Zudem zeichnen sie sich durch Intensität, Ausdruckskraft und Empfindsamkeit aus und sie können ihre Gefühle wunderbar durch die verschiedensten Formen von Kunst zum Ausdruck bringen.

13
Ieiazel

Fünfter Engel der Cherubim

Für alle vom 21. bis 25. Mai Geborenen

Ieiazel ist der Engel von

Königin Victoria von England
Arthur Conan Doyle
Naomi Campbell
Bob Dylan
Priscilla Presley
Miles Davis
Sir Laurence Olivier
Roseanne Cash
Plato

Ieiazel ist der Engel der Treue, der Versöhnung und der Freundschaft. Zusammen sorgen diese Talente für Einigkeit.
Die Protegés dieses Schutzengels können eine wichtige Rolle spielen in Versöhnungs- und Einigungsbestrebungen auf den veschiedensten Ebenen. Im persönlichen Bereich brauchen sie die Vereinigung mit einem Partner, wobei sie die Gabe haben, diese Verbindung harmonisch zu gestalten. Es gelingt ihnen, Ehepartner oder Familienmitglieder zu versöhnen, und sie sind zutiefst treu. Sie haben die Fähigkeit, den Menschen in ihrer Umgebung das Leben zum Vergnügen zu machen.
Ieiazel erweckt in seinen Schutzbefohlenen den Wunsch nach Lernen und hilft ihnen, alles leicht und schnell zu erfassen. Sie besitzen ein ausgezeichnetes Gedächtnis und können sehr klug sein. Sie vermögen jede noch so schwierige Aufgabe zu lösen. Da sie große Ausdauer und Überredungskunst besitzen, können sie von anderen Menschen alles bekommen, was sie wollen. Um den größten Erfolg zu erzielen, sollten sie ihre Talente jedoch nicht verwenden, um andere dazu zu bringen, das Falsche zu tun.
Sie können ihre Talente auf unterschiedliche und manchmal überraschende Weise entwickeln, wie aus der Liste der Schützlinge dieses Engels deutlich hervorgeht!

14
Mebahel

Sechster Engel der Cherubim

Für alle vom 26. bis 31. Mai Geborenen

Mebahel ist der Engel von

John Wayne
Paolo Gucci
Clint Eastwood
Peter Carl Fabergé
John F. Kennedy
Ian Fleming
Henry Kissinger
Patrick Henry
König Salomon
Norman Vincent Peale

Mebahel ist der Engel der Gerechtigkeit, Freiheit und Wahrheit – genau das Image, das John Wayne in seinen Filmen repräsentierte, wenn er den Witwen zu Hilfe eilte und die Unschuldigen beschützte!
Mebahel tut genau das: Er beschützt die Unschuldigen und hilft uns, das wiederzuerlangen, was wir ungerechterweise verloren haben. Selbstverständlich sind die Protegés von Mebahel ganz besondere Menschen. Dieser Engel möchte, dass seine Schutzbefohlenen Gerechtigkeit und Freiheit verteidigen, für die Wahrheit kämpfen und die Unschuldigen beschützen. Sie versuchen, die Stimme des Volkes zu sein, und wollen stets den Unterdrückten und Bedürftigen helfen. Sie spüren die Schmerzen und das Leid der anderen. Sie sind in der Lage, eine neue Zukunft aufzubauen und für Gerechtigkeit zu kämpfen. Sie setzen sich für die Menschenrechte ein und haben die Kraft, neue Richtlinien für das Wohl der Menschen aufzustellen.
Mebahels Schützlinge können von diesen Qualitäten in allen Bereichen ihres Lebens Gebrauch machen, unabhängig von dem von ihnen gewählten Beruf. Natürlich sind sie besonders gut für den Beruf des Richters oder andere Positionen im Bereich der Justiz geeignet, doch können sie auch in jeder anderen kreativen Aktivität erfolgreich sein. Sie lieben die kleinen Dinge des Lebens, auch die scheinbar unwichtigen. Ihrerseits beschützend und ehrenhaft, werden sie auch selbst vor Verleumdung und Dieben beschützt!

15
Hariel

*

Siebter Engel der Cherubim

Für alle vom 1. bis 5. Juni Geborenen

Hariel ist der Engel von

Marilyn Monroe
Federico García Lorca
Josephine Baker
Thomas Hardy
Paulette Goddard
Sokrates
Johnny Weismueller
Brigham Young
Ken Follett
John Maynard Keynes

Hariel regiert die Künste und Wissenschaften.
Er führt seine Schützlinge zur Spiritualität. Er möchte, dass sie ein hohes moralisches Niveau haben. Er hilft ihnen, ihre Seele zu reinigen und nach höheren Werten zu leben, anstatt ihren niederen Instinkten zu folgen. Sie sollten generell in allen Bereichen des Lebens – auch in ihrem Beruf – ihr Herz und ihre Intelligenz einsetzen. Unter dem Einfluss von Hariel werden sie Möglichkeiten finden, ihr Leben zu verbessern. Da er der Schutzengel der Künste und Wissenschaften ist, wird er seinen Schutzbefohlenen vor allem in diesen Bereichen beistehen und sie zu nützlichen Entdeckungen und neuen Techniken führen. Wenn sie ihre Gefühle und Gedanken in Einklang bringen, können sie ein angenehmes, erfülltes Leben haben.
Geistreich und von schneller Auffassungsgabe, sind sie erfinderisch und wissen immer genau, wie ein Problem zu lösen ist. Ihre große Energie und Intelligenz ermöglichen es ihnen, sich leicht jeder Situation anzupassen. Vor allem im Bereich von Wissenschaft oder Spiritualität können sie Hervorragendes leisten. Daneben sind sie äußerst wortgewandt und besitzen die nötigen Voraussetzungen, um große Autoren oder berühmte Künstler zu werden.

16
Hakamiah

Achter Engel der Cherubim

Für alle vom 6. bis 10. Juni Geborenen

Hakamiah ist der Engel von

Grace Mirabella
Björn Borg
Thomas Mann
Michael J. Fox
Judy Garland
Cole Porter
Bonnie Tyler
Paul Gauguin
Prince

Hakamiah lenkt die Könige und großen militärischen Anführer. Er herrscht über Eisen und Munitionsfabriken. Er beschützt gegen Verräter und gewährt den Sieg. Er hilft den Menschen, sich aus der Unterdrückung zu befreien.

Hakamiah will, dass seine Schützlinge ehrlich und loyal sind. Von direkter Art und tapfer, wie Ritter in schimmernder Rüstung, setzen sie sich für die Ehre ein und halten ihr Wort. Diese Eigenschaften werden ihnen früher oder später zu großer Macht verhelfen. Mit Hakamiahs Beistand können sie ihre Feinde besiegen und die Unterstützung einflussreicher Menschen gewinnen.

Sie sind in allen Bereichen natürliche Führer, ob politisch, beruflich oder privat, je nach ihrer Umgebung. Sie haben das Talent, Dinge zu verändern, zu transformieren und Neues zu erschaffen. Sie haben so viel Macht, dass sie sogar die Welt verändern können … solange es zum Besten aller Beteiligten geschieht! Mutig und visionär erfüllen sie ihre Pflichten. Sie sind absolute Individualisten und können sehr unterhaltsam sein!

III.

Die Familie der

Throne

FÜHRENDER ERZENGEL: ZAPHKIEL
PLANET: SATURN

✻

Eigenschaften dieser Familie:

INTELLIGENZ

Intelligenz und Verständnis
Verstand und Gedanken
Genauigkeit

17
Laviah

Erster Engel der Throne

Für alle vom 11. bis 15. Juni Geborenen

Laviah ist der Engel von

George Bush
Jacques Cousteau
David Rockefeller
Steffi Graf
Donald Trump
Joe Montana
Mario Cuomo
Dorothy Sayers

Laviah ist der Engel des Wissens. Er lenkt die hohen Wissenschaften und wunderbare Entdeckungen.
Seine Schutzbefohlenen sind nicht nur intelligent und verfügen über großes Wissen, sie haben darüber hinaus einen sechsten Sinn, der es ihnen erlaubt, andere Dimensionen zu erkennen. Doch müssen sie diese Talente nutzen, wenn sie sie nicht verlieren wollen. Laviah kann seinen Schützlingen helfen, eine höhere spirituelle Ebene zu erreichen. Er unterstützt sie darin, ihre Sorgen loszulassen, ihren Schmerz oder ihre Enttäuschungen. Sie sind dadurch in der Lage, die Lasten der Vergangenheit abzuwerfen und verlorene Gefühle wieder zu entdecken. Diese Menschen sollten die Dinge des Lebens nicht nur oberflächlich betrachten, sondern in die Tiefe gehen. Es gibt keinen Grund zu zögern, wenn es um die Betrachtung dieser tieferen Ebenen geht, denn dies ist der Schlüssel zu ihrem Erfolg!
Sie sind voller Energie und von ihrem Wesen her fröhlich und es gibt keine Grenzen für das, was sie erreichen können. In der einen oder anderen Weise können sie alle Grenzen sprengen. Ihr Wissen und ihre Intelligenz können sich unaufhaltsam vermehren und sie zu Erfolg, Ruhm und Glück führen. Sollten Sie Zweifel haben, so schauen Sie sich die Liste von Laviahs Schützlingen an!

18
Caliel

Zweiter Engel der Throne

Für alle vom 16. bis 21. Juni Geborenen

Caliel ist der Engel von

St. Vincent de Paul
Dean Martin
Aung San Suu Kyi
Audie Murphy
Benazir Bhutto
Errol Flynn
Adam Smith
Paul McCartney
Kathleen Turner
Jean-Paul Sartre
Jane Russell
Blaise Pascal

Caliel ist der Engel der Wahrheit. Caliel hilft, wenn es um Gerechtigkeit geht; er beschützt die Unschuldigen, er sorgt dafür, dass die Wahrheit ans Tageslicht kommt, und er findet die Schuldigen. Außerdem bringt er sofortige Hilfe bei Not und Unglück.
Caliel möchte, dass seine Schützlinge gerecht und ehrlich sind, der Wahrheit folgen und unvoreingenommene Richter sind. Sie sind dadurch in der Lage, Wahrheit von Lüge zu unterscheiden und in jeder Situation ein sensibles und verständnisvolles Urteil zu fällen. Sie sind beharrlich und charismatisch, können sich gut ausdrücken und werden immer das richtige Argument finden, um andere davon zu überzeugen, dass ihr Gesichtspunkt der richtige ist. Sie besitzen alle notwendigen Werkzeuge und Voraussetzungen, um ihre Ziele zu erreichen!
Diese Talente können sich als äußerst nützlich erweisen, ein definitives Geschenk! Und sie sollten mit Aufrichtigkeit benutzt werden, um anderen zu Gerechtigkeit zu verhelfen und die Wahrheit ans Licht zu bringen, sowohl im Beruf als auch in allen anderen Bereichen des Lebens. Darüber hinaus beschützt Caliel seine Protegés vor Skandalen.

19
Leuviah

Dritter Engel der Throne

Für alle vom 22. bis 26. Juni Geborenen

Leuviah ist der Engel von

E.I. Dupont
Josephine Bonaparte
James Levine
Michele Lee
George Orwell
Meryl Streep
Abner Doubleday
Pearl S. Buck
George Michael

Leuviah regiert das Gedächtnis und die Intelligenz. Er wünscht, dass seine Schützlinge von angenehmer Art und lebhaft sind, einfach in ihrem Verhalten und in ihren Worten. Er kann ihnen helfen, allen Schwierigkeiten mit ruhiger Stärke und Geduld zu begegnen, anstatt negativ oder zerstörerisch zu reagieren. Sie haben ein ausgeglichenes Wesen, sind angenehm im Umgang und anspruchslos.
Neben ihrer Intelligenz und ihrem guten Erinnerungsvermögen besitzen sie eine ausgeprägte Vorstellungskraft. Sie können im Bereich der Kunst sehr kreativ sein und überhaupt jede Idee verwirklichen, die ihnen vorschwebt. Sie sind sehr scharfsinnig und besitzen die notwendigen Fähigkeiten sowie das richtige Einschätzungsvermögen, um zu wissen, wann sie eine gute Idee in die Realität umsetzen können. Dank ihrer Imagination und ihres Geschicks besitzen sie alle Eigenschaften, um erfolgreich und glücklich zu werden. Magnetisch und bezaubernd, können sie auch sehr romantisch sein!

20
Pahaliah

Vierter Engel der Throne

Für alle vom 27. Juni bis 1. Juli Geborenen

Pahaliah ist der Engel von

Prinzessin Diana
Antoine de Saint-Exupéry
Leslie Caron
Carl Lewis
Estée Lauder
Helen Keller
Ross Perot
Lena Horne
Mel Brooks

Pahaliah ist der Engel der Theorie und der Moral. Er kämpft darum, der Wahrheit zu ihrem Recht zu verhelfen, und möchte, dass die Menschen nach moralischen Wertvorstellungen leben.
Pahaliah wünscht, dass seine Schützlinge ihr Leben nach höheren Prinzipien führen. Pahaliah kann ihnen helfen, tugendhaft zu sein und die niederen Neigungen ihres Wesens zu überwinden, sodass ihre Taten ihre Ideale widerspiegeln. Wenn sie die Schlacht gegen die niederen Instinkte gewonnen haben, wird ihr Leben ein einziger Erfolg sein!
Motiviert und beharrlich werden sie ihre Ideen durchsetzen. Sie sind in der Lage, das zu erreichen, was sie sich vorstellen. Mit ihrer ausgeprägten Entschlusskraft werden sie an sich selbst und andere große Anforderungen stellen – wenn auch immer voll Ehrlichkeit und Großzügigkeit. Sie sind interessant und intelligent, fokussiert und scheuen nicht vor harter Arbeit zurück. Sie können auf allen Gebieten erfolgreich sein. Solange sie ein Ziel vor Augen haben, wird nichts sie davon abhalten können, es zu erreichen!

21
Nelchael

✻

Fünfter Engel der Throne

Für alle vom 2. bis 6. Juli Geborenen

Nelchael ist der Engel von

Tenzin Gyatso
(Seine Heiligkeit der XIV. Dalai Lama)
Sylvester Stallone
Thurgood Marshall
Tom Cruise
Louis Armstrong
Geraldo Rivera
Gina Lollobrigida
James Lofton
Cheryl Ladd
Franz Kafka

Nelchael wacht über Astronomie, Mathematik, Geographie und alle abstrakten Wissenschaften. Er beeinflusst Gelehrte und Philosophen. Er möchte, dass seine Protegés Interesse am Studium haben und eine höhere intellektuelle, spirituelle und auch materielle Ebene erreichen.
Nelchael hilft außerdem bei Verleumdungen, Verwünschungen oder schlechten Einflüssen. Mit anderen Worten: Jede nachteilige Situation kann mit Nelchaels Hilfe zum Besseren verändert werden! Unglück oder schlechte Einflüsse verschwinden. Dadurch sind seine Schützlinge in der Lage, sich aus Situationen des Missgeschicks oder der Unterdrückung zu befreien. Alles ist möglich! Sie können in jedem Bereich ihres Lebens Erfolg haben.
Nelchael möchte, dass seine Protegés gerecht, treu und großzügig gegenüber anderen sind. Sie werden Hervorragendes in den Bereichen leisten, in denen sie diese Qualitäten benutzen können. Sie haben Talent für die Wissenschaften und die Philosophie und zeichnen sich zudem durch eine große Vorstellungskraft aus. Sie sind empfindsam und können auch als Künstler Berühmtheit erlangen.

22
Ieiaiel

✻

Sechster Engel der Throne

Für alle vom 7. bis 11. Juli Geborenen

Ieiaiel ist der Engel von

John Quincy Adams
Marc Chagall
Nelson Rockefeller
Pierre Cardin
Steve Wozniak
Ringo Starr
John Calvin
Arthur Ashe
Tom Hanks
Jack La Motta
Yul Brynner

Ieiaiel regiert Ruhm und finanziellen Erfolg. Er übt Einfluss auf die Diplomatie und den Handel aus, wacht über Reisen und Meeresexpeditionen und bewahrt vor Schiffsunglücken.
Seine Schützlinge haben einen gut entwickelten Geschäftssinn und können Situationen sehr schnell und sicher analysieren und einschätzen. Sie wissen, wo und wie ein Geschäft gemacht werden kann. Es gelingt ihnen ohne Schwierigkeiten, die Menschen, mit denen sie zu tun haben, zu ihren Gunsten einzunehmen und zu überzeugen. Sie sind zweifellos begabt und dürfen ihr Glück nicht für falsche Zwecke missbrauchen. Besonders sollten sie darauf achten, ihre Talente nicht zur Manipulation anderer zu benutzen!
Ieiaiels Schützlinge lieben den Handel und können sehr fleißig, aufmerksam und erfinderisch sein. Meist haben sie liberale Ideen und Vorstellungen. Zudem sind sie oft sehr kreativ und wenn sie reisen, wird dies immer nützlichen und sinnvollen Zwecken dienen.

23

Melahel

Siebter Engel der Throne

Für alle vom 12. bis 16. Juli Geborenen

Melahel ist der Engel von

Gerald Ford
Rembrandt
George Washington Carver
Harrison Ford
George Eastman
Bill Cosby
Ginger Rogers
Ingmar Bergman
Barbara Stanwyck

Melahel herrscht über Gewässer und alles, was von der Erde hervorgebracht wird. Vor allem wacht er über die Heilpflanzen. Er hilft seinen Schützlingen, die Gesetze der Natur und des Lebens zu verstehen. Sie können die Beziehung von Energie und Schöpfung begreifen, die Verbindung zwischen einer Tat und einem Ergebnis. Es liegt nahe, dass viele von ihnen im Bereich der Gesundheit tätig sind oder in naturnahen Berufen, vielleicht auch im alternativen Heilen. In jedem Fall wird ihr Verständnis für das Leben sie dazu führen, immer die richtigen Entscheidungen zu treffen, positive Ergebnisse zu erzielen und kreativ tätig zu sein.
Melahel schützt außerdem vor der Verletzung durch Waffen und sorgt für sicheres Reisen. Er hilft seinen Schützlingen, wagemutig zu sein und ihre Bemühungen erfolgreich zum Abschluss zu bringen. Sie können sich auf gewagte, ja sogar gefährliche Unternehmungen einlassen, die sie sicher und erfolgreich hinter sich bringen. Sie sind gleichzeitig verbindlich und dynamisch und man wird sie wegen ihrer ehrenhaften Taten schätzen.

24
Hahuiah

Achter Engel der Throne

Für alle vom 17. bis 22. Juli Geborenen

Hahuiah ist der Engel von

Nelson Mandela
Ernest Hemingway
Kaiser Haile Selassie
Donald Sutherland
John Glenn
Natalie Wood
Edgar Degas
Rose Kennedy

Hahuiah verleiht die Gnade Gottes. Er beschützt vor Dieben und Mördern und wacht über Gefangene, Flüchtlinge und Ausgestoßene. Fürsorglich und beschützend, vergibt er ihnen und führt sie auf ihrem Weg, solange sie nicht die gleichen Fehler wiederholen!

Hahuiah beschützt benachteiligte Menschen, jeden, der sich in seelischen oder körperlichen Schwierigkeiten befindet. Er führt sie auf den richtigen Weg, den Weg der Wahrheit. Er kann seinen Protegés helfen, jede Art von schwieriger Situation zu meistern und Harmonie und Erfüllung in ihrem Leben zu finden.

Seine Schützlinge lieben die Wahrheit und die exakten Wissenschaften. Sie sind ehrlich und direkt in Worten und Taten. Sie stehen für die Wahrheit ein. Mutig und aktiv können sie ihr Leben harmonisch gestalten und sie haben die Fähigkeit, auch andere Menschen auf den richtigen Weg zu führen. Ihre Willenskraft, zusammen mit der mütterlichen Liebe von Hahuiah, kann wunderbare Resultate zeitigen!

IV.

Die Familie der

Herrschaften

FÜHRENDER ERZENGEL: ZADKIEL
PLANET: JUPITER

Eigenschaften dieser Familie:

GNADE

Gnade und Segen
Toleranz und Güte
Wunsch und Schöpfung

25
Nithaiah

Erster Engel der Herrschaften

Für alle vom 23. bis 27. Juli Geborenen

Nithaiah ist der Engel von

Amelia Earhart
Stanley Kubrick
Linda Carter
Mick Jagger
Simón Bolívar
Carl Jung
Raymond Chandler
Peggy Fleming
Albert Warner
Karl Malone

Nithaiah ist der Dichter-Engel: Er verkündet Prophezeiungen in Versform!
Nithaiah herrscht über die okkulten Wissenschaften und die Weisheit. Er repräsentiert die Beherrschung spiritueller Kräfte, was nicht nur Weiße Magie bedeutet, sondern auch besagt, dass er in der Lage ist, die Mysterien des Lebens zu verstehen. Er enthüllt versteckte Geheimnisse, manchmal durch Träume. Nithaiah gibt weisen und ehrlichen Menschen seinen Schutz.
Nithaiah kann seinen Schützlingen helfen, die wahren Ziele des Lebens zu erkennen. Er umgibt sie mit spirituellen Kräften. Die starke Willenskraft, die sie von ihm erhalten, gestattet es ihnen, sich durchzusetzen und jegliche Situation zu meistern.
Sie sind sehr kreativ und in der Lage, die höheren Gefilde des Geistes zu meistern. Sie lieben Frieden und Einsamkeit. Und wenn sie statt ihrem eigenen Prestige den wirklich wichtigen Werten des Lebens die Priorität geben, wird ihnen ein Leben friedlichen Glückes sicher sein.
Darüber hinaus sind sie in der Regel sehr attraktiv und von geradezu magnetischer Anziehungskraft!

26
Haaiah

✻

Zweiter Engel der Herrschaften

Für alle vom 28. Juli bis 1. August Geborenen

Haaiah ist der Engel von

Jacqueline Kennedy Onassis
Wesley Snipes
Henry Ford
Emily Brontë
Dag Hammarskjöld
Jim Spencer
Alexis de Tocqueville
Jean Dubuffet
Arnold Schwarzenegger
Ron Brown

Haaiah regiert die Diplomatie, die Politik und Botschafter. Er waltet über Friedensvereinbarungen, Geschäftsverträge und Abkommen jeglicher Art. Er hilft dabei, einen Fall vor Gericht zu gewinnen und die Richter auf seiner Seite zu haben.
Er beschützt Botschafter, Agenten und Kuriere bei der Durchführung ihrer Aufträge. Er kann seine Protegés bei ihrer Mission führen und dafür sorgen, dass sie ihre Ziele erreichen. Er hilft ihnen, gerecht zu sein und in der Wahrheit zu leben. Und solange sie fair und ehrlich sind, wird er dafür sorgen, dass sie ihre Ziele erreichen und ihre Mission erfolgreich ist.
Seine Schutzbefohlenen sind Visionäre mit einer ausgezeichneten Beobachtungsgabe. Sie haben eine Vision, ein Ziel. Entschlossen und dynamisch setzen sie ihre Ideen in die Tat um und verwirklichen ihre Visionen. Sie können vor allem in den Bereichen von Politik und Wirtschaft, Diplomatie und Recht Hervorragendes leisten. Zudem haben sie ein ausgesprochenes Talent für öffentliche Reden und Vorträge und sind äußerst kreativ in ihrem Selbstausdruck.

27
Ierathel

✻

Dritter Engel der Herrschaften

Für alle vom 2. bis 6. August Geborenen

Ierathel ist der Engel von

John Eisenhower
David Robinson
Neil Armstrong
John Huston
Jack Warner
Robert Mitchum
Freddy Laker
Peter O'Toole
Lucille Ball
Frédéric-Auguste Bartholdi

Sie gehören zu den Auserwählten, wenn Sie Ierathel als Ihren Schutzengel haben!
Ierathel verbreitet Licht, Zivilisation und Freiheit. Er beschützt vor übler Nachrede und Verleumdung, vor Feinden und ungerechtfertigter Aggression. Er kann seinen Schützlingen helfen, Licht, Gerechtigkeit und Freiheit zu bringen. Sie sind schnell im Denken, klug und anpassungsfähig, doch auch idealistisch. Ausgestattet mit großer Entschlusskraft und würdevoll in ihrem Wesen, können sie diplomatisch, ja sogar ausweichend sein, um dann stets ruhig und sicher ihre Ziele zu erreichen. Oft ist ihnen ein großes Schicksal beschieden. Sie haben die Fähigkeit, alles zu erschaffen, sogar neue Welten!
Sie lieben Frieden und Gerechtigkeit, die Wissenschaften und die Künste und zeichnen sich vor allem durch ein Talent fürs Schreiben aus. Ierathel kann ihnen dabei helfen, immer wieder Neues zu lernen. Sie haben die Fähigkeit, in absolut jedem Bereich ihres Lebens erfolgreich zu sein und ein erfülltes, glückliches Leben zu führen.

28
Seehiah

Vierter Engel der Herrschaften

Für alle vom 7. bis 12. August Geborenen

Seehiah ist der Engel von

Herbert Hoover
Pat Metheny
Cecil B. DeMille
Dustin Hoffman
Alex Haley
Melanie Griffith
Pete Sampras
Whitney Houston
Mstislaw Rostropowitsch
Mata Hari

Seehiah herrscht über Gesundheit und ein langes Leben. Er schützt vor Bränden, Stürzen, Krankheit, Handicaps, allen Unfällen und Katastrophen. Seehiah steht seinen Schutzbefohlenen zur Seite, sodass sie siegreich aus den Stürmen des Lebens hervorgehen. Er kann ihnen helfen, ihre Gesundheit zu verbessern, Schwierigkeiten und Probleme zu überwinden.

Weisheit ist das Resultat von Erfahrung und Seehiah möchte, dass seine Schützlinge aus ihren Schwierigkeiten lernen, um eine höhere Geistesstufe zu erreichen. Dann wird ihnen vorurteilslose Unterscheidungs- und Urteilskraft zuteil. Sie sollten mit Vorsicht handeln und ihre Entscheidungen erst treffen, wenn sie eine Angelegenheit von allen Seiten betrachtet haben und zu einem weisen Schluss gekommen sind.

Klug und vielseitig begabt, sind sie in der Lage, Harmonie und Erfolg in ihrem Leben zu manifestieren. Dank ihrer verführerischen und attraktiven Art macht es Freude, mit ihnen zusammen zu sein. Allgemein wird ihre Meinung geachtet und man bringt ihnen Respekt entgegen.

29
Reiiel

Fünfter Engel der Herrschaften

Für alle vom 13. bis 17. August Geborenen

Reiiel ist der Engel von

Menachem Begin
Alfred Hitchcock
Napoleon Bonaparte
Robert DeNiro
Lawrence von Arabien
Mae West
Prinzessin Anne von England
Oscar Peterson
Maureen O'Hara

Reiiel herrscht über die religiösen Gefühle und die Meditation. Er kämpft gegen die Feinde der Religion und gegen jeden, der nach falschen Grundsätzen handelt. Er beschützt vor Flüchen und bösen Geistern. Mit anderen Worten: Reiiel befreit seine Protegés von ihren Feinden, sowohl den sichtbaren wie den unsichtbaren. Er hilft seinen Schützlingen, gute Menschen zu sein, die aufgrund ihrer positiven Eigenschaften von anderen geachtet werden.
Seine Schutzbefohlenen werden viel Energie darauf verwenden, die Wahrheit zu verkünden. Von großer Entschlusskraft und Ausdauer, bekämpfen sie falsche Moral- und Wertvorstellungen, wo immer sie diese vorfinden. Sie wissen intuitiv, was zu tun ist, damit sie ihre Ziele erreichen können. Inspiriert und mutig, können sie Großartiges leisten. Sie sind ein Magnet für andere und nehmen oftmals Führungspositionen ein. Welchen Bereich auch immer sie als ihr Aktionsfeld wählen, sie können ein Beispiel für ihre Mitmenschen sein und Ausgezeichnetes leisten. Spontan und amüsant, haben sie eine ausgesprochene Begabung dafür, sich mit Worten auszudrücken. Besonders talentiert sind sie außerdem im Umgang mit anderen Menschen und in allen gesellschaftlichen Interaktionen.

30
Omael

Sechster Engel der Herrschaften

Für alle vom 18. bis 22. August Geborenen

Omael ist der Engel von

Bill Clinton
Count Basie
Coco Chanel
Roman Polanski
Max Factor
Robert Redford
Malcolm Forbes
Patrick Swayze
Denton Cooley
Wilt Chamberlain

Omael herrscht über die Fruchtbarkeit aller Wesen. Er sorgt dafür, dass sich die verschiedenen Arten vermehren und die Rassen bestehen bleiben. Omael hilft außerdem, Traurigkeit, Enttäuschung und Entmutigung zu bekämpfen, all die negativen Gefühle, die die Feinde der Fruchtbarkeit sind. Er kann einem Paar zur Fruchtbarkeit verhelfen; er verleiht Leben auf vielerlei Art und sowohl körperliche als auch seelische Gesundheit.

Er möchte, dass seine Protegés geduldig und beherzt sind. Voller Selbstvertrauen, entschlossen, doch beherrscht – so werden sie ihre Ziele erreichen. In dem von ihnen gewählten Umfeld können sie sehr einflussreich sein.

Omael verleiht vor allem Ärzten, Chemikern und Chirurgen seinen Schutz. Seine Protegés haben die Fähigkeit, in der Medizin und Anatomie Außergewöhnliches zu leisten sowie in jedem anderen Feld, das mit physischer Fruchtbarkeit zu tun hat. Fruchtbarkeit ist kreative Energie, die sich auf vielerlei Weise manifestieren kann. Seine Schützlinge haben eine ausgeprägte Vorstellungskraft und sind sehr produktiv; sie besitzen damit alle Voraussetzungen, großartige Schöpfer oder begnadete Künstler zu werden.

31
Lecabel

✱

Siebter Engel der Herrschaften

Für alle vom 23. bis 28. August Geborenen

Lecabel ist der Engel von

Mutter Teresa
Joseph Montgolfier
Johann Wolfgang von Goethe
Leonard Bernstein
Jorge Luis Borges
Sean Connery
Antoine Lavoisier
Claudia Schiffer
Patricia McBride

Lecabel kontrolliert die Vegetation und die Landwirtschaft. Lecabel bringt das Licht, was bedeutet, dass er seinen Schützlingen Inspiration gewährt. Es ist sein Wunsch, dass sie dieser Inspiration auf positive Weise folgen.

Ihr Verständnis von Leben und Inspiration kann leuchtende Ideen hervorbringen. Seine Schutzbefohlenen können sehr spirituell sein und zu »Sprachrohren Gottes« werden, nicht nur in geistiger Hinsicht, sondern auch auf ganz praktische Art. Sie haben die Begabung, Hervorragendes im Bereich der Wissenschaften zu leisten, insbesondere in allem, was mit Astronomie, Mathematik und Geometrie zu tun hat.

Sie sind in der Lage, neue und nützliche Techniken oder Konzepte zu entwickeln. Sie beobachten gerne und untersuchen Dinge sehr genau; zudem haben sie ein hohes Maß an intellektueller und physischer Energie. Sie können sogar recht freimütig sein! Sie sind fürsorglich, idealistisch und in der Lage, selbst die schwierigsten Probleme zu lösen. Sie können in jedem Beruf, für den sie sich entscheiden, Vortreffliches leisten und werden ihren Erfolg immer ausschließlich ihrem eigenen Talent verdanken!

32
Vasariah

Achter Engel der Herrschaften

Für alle vom 29. August bis 2. September Geborenen

Vasariah ist der Engel von

Ingrid Bergman
Jean-Auguste Ingres
Yvonne De Carlo
Bruce McLaren
Richard Gere
Rocky Marciano
Keanu Reeves
Jimmy Connors

Vasariah herrscht über die Gerechtigkeit, den Adel und die Richter. Er gewährt die Gnade der Könige. Er hilft uns, die Richter auf unserer Seite zu haben, wenn wir fälschlich angegriffen werden, und die Unterstützung einflussreicher Menschen zu gewinnen.
Vasariah möchte, dass seine Protegés in ihren Urteilen ausgewogen, unvoreingenommen und gerecht sind. Er hilft ihnen, einen klaren Kopf zu bewahren und Situationen und Menschen objektiv zu betrachten. Seine Schutzbefohlenen sind in der Lage, faire und ehrliche Urteile zu fällen. Strukturiert und gewissenhaft, neigen sie zuweilen zu einer gewissen Unbeugsamkeit, wenn sie erst eimal ihre Entscheidungen getroffen haben. Vasariah kann ihnen helfen, freundlich und bescheiden zu sein, und alle diese Eigenschaften werden ihnen zu Glück und Erfolg verhelfen.
Seinen Schützlingen verleiht er ein hervorragendes Gedächtnis und eine ausgesprochene Begabung zum verbalen wie auch anderweitigen Ausdruck. Sie sind gut organisiert und zuverlässig und werden in jedem Bereich erfolgreich sein, in dem sie ihre unvoreingenommene Urteilskraft einsetzen können oder ihre Fähigkeit, sich auszudrücken.

V.

Die Familie der

Mächte

FÜHRENDER ERZENGEL: CAMAEL
PLANET: MARS

Eigenschaften dieser Familie:

GERECHTIGKEIT

Genauigkeit und Gerechtigkeit
Anstrengung und Mut
Sehnsucht und Schöpfung

33
Iehuiah

Erster Engel der Mächte

Für alle vom 3. bis 7. September Geborenen

Iehuiah ist der Engel von

König Ludwig XIV. von Frankreich
Daniel Burnham
Marquis de Lafayette
Marguerite Higgins
Jesse James
Jane Addams
Ferdinand Porsche
Raquel Welch
Louis Sullivan
Charlie Sheen

Iehuiah ist der Beschützer der Prinzen. Er hilft ihnen, Verräter zu entlarven, ihre intriganten Pläne aufzudecken und zunichte zu machen. Er garantiert den Gehorsam der Untergebenen. Und er möchte, dass seine Protegés sich wie wahre Prinzen benehmen!
Er verstärkt in seinen Schutzbefohlenen das, was am höchsten und edelsten ist. Er hilft ihnen, ihre eigenen Schwächen aufzudecken, ihre eigenen inneren »Verräter«, und diese zu beseitigen. Er verleiht seinen Schützlingen viel Kraft, sodass sie zu diesem »königlichen Verhalten« fähig und in der Lage sind, entsprechend ihren höchsten Wertvorstellungen zu leben und ihnen treu zu bleiben.
Konstruktiv und mit einer ausgeprägten Vorstellungskraft begabt, haben sie viele Talente. Ihre Imagination kann sie dazu veranlassen, in jedem Beruf, den sie wählen, kreativ zu werden, Dinge aufzubauen und zu entwickeln. Sie sind methodisch und entschlossen und Iehuiah kann ihnen helfen, die Fallen und Tricks auf dem Weg zu ihrem Ziel zu umgehen. Bei ihrer Arbeit verschafft ihnen ihre Kraft und Begabung konkrete Resultate, egal ob es sich dabei um spirituelle oder materielle Dinge handelt, und sie übernehmen gerne die Pflichten, die mit ihrer Arbeit verbunden sind.

34
Lehahiah

Zweiter Engel der Mächte

Für alle vom 8. bis 12. September Geborenen

Lehahiah ist der Engel von

Kardinal Richelieu
Leo Tolstoj
Jessie Owens
Maurice Chevalier
Otis Redding
Michael Keaton
Barry White
»Colonel« Harland Sanders

Lehahiah beschützt gekrönte Häupter und sorgt für den Gehorsam Untergebener gegenüber höherstehenden Personen. Er verbreitet Harmonie, gutes Einvernehmen und Frieden zwischen verschiedenen Parteien. Lehahiah möchte, dass seine Protegés moralisch oder materiell für eine höhere Sache eintreten oder mit einer über ihnen stehenden Person zusammenarbeiten. Und sie werden großzügig dafür belohnt!

Ihre Hingabe und Treue wird ihnen Anerkennung bringen. Effizient und gut organisiert, wissen sie außerdem, wie sie in ihrem Umfeld Frieden und Harmonie aufrechterhalten können. Sie sind eine große Hilfe für die Sache oder die Person, mit der sie zusammenarbeiten. Und sie sollten Hand in Hand mit anderen arbeiten, da ihr eigener Erfolg auf dem anderer beruht. Sie genießen das Vertrauen einflussreicher Menschen und können daraus beachtliche Vorteile ziehen. Große Anerkennung für ihre Begabung und die hohe Qualität ihrer Arbeit ist ihnen sicher.

35
Chavakiah

Dritter Engel der Mächte

Für alle vom 13. bis 17. September Geborenen

Chavakiah ist der Engel von

William Howard Taft
George Chakiris
Ray Charles
Oliver Stone
B.B. King
Jean Renoir
Lauren Bacall
Agatha Christie
Claudette Colbert
David Copperfield
Peter Falk
Ettore Bugatti

Chavakiah ist der Engel der Versöhnung. Er hilft, Vergebung von denen zu erlangen, die wir verletzt haben. Er sorgt für Frieden, Harmonie und Freude innerhalb der Familie, unter anderem auch bei Erbsituationen. Er liebt gütliche Übereinkommen und Vereinbarungen.
Chavakiah möchte, dass seine Protegés in ihrem Umfeld diese Arbeit der Versöhnung übernehmen. Möglicherweise müssen sie dabei mit der Arbeit an sich selbst beginnen. Sie wollen mit allen Menschen in Frieden leben, einschließlich jener, die entgegengesetzte Interessen haben. Diese Arbeit wird sie zum Erfolg führen.
Hingebungsvoll und ausdauernd, brauchen sie stets ein Ziel oder eine Sache, für die sie sich voll einsetzen können. Diese Menschen sind beharrlich und geben nicht auf, bevor sie ihr Ziel erreicht haben. Und Chavakiah kann ihnen Mut und Ehrlichkeit verleihen, sodass sie in ihren Unternehmungen und in allem, was sie erschaffen, erfolgreich sind. Sie sind großherzig und belohnen immer die Treue und Fürsorge, die man ihnen entgegenbringt.

36
Menadel

✱

Vierter Engel der Mächte

Für alle vom 18. bis 23. September Geborenen

Menadel ist der Engel von

Greta Garbo
Bruce Springsteen
Sophia Loren
John Coltrane
Twiggy
Michael Faraday
Steven King
Frankie Avalon
H. G. Wells

Menadel befreit Gefangene und schützt vor übler Nachrede. Er sorgt für die Loyalität von Exilanten und hilft ihnen, wieder in ihr Land zurückzukehren. Menadel hilft seinen Schützlingen, sich zu befreien, indem sie sich selbst und ihr Leben neu betrachten. Das kann sich als spirituelle Suche manifestieren, es mag für sie aber auch erforderlich sein, mehr Anstrengungen und Mühen im beruflichen Bereich zu investieren. Menadel hilft seinen Schutzbefohlenen, einen Job zu behalten oder finanzielle Mittel zu sichern. Seine Protegés werden dadurch belohnt, dass ihre Suche sie zur Entdeckung spiritueller Schätze und materieller Vorteile führt.

Sie sind echte Überlebenskünstler und können ihr Dasein in vollen Zügen genießen. Großzügig und rücksichtsvoll kümmern sie sich um andere. Auch wollen sie den Menschen in ihrer Umgebung zur Freiheit verhelfen, indem sie ihnen zeigen, wie sie ihre Lebensumstände verbessern können. Sie besitzen einen Sinn für das Schöne und sind empfindsam für Ästhetik. Sie haben eine feine Wahrnehmung und können sehr kreativ sein.

Seine Protegés können von Glück sagen, dass sie Menadel als ihren Schutzengel haben, denn er lässt ihnen unablässig seine himmlische Unterstützung angedeihen, sowohl materiell als auch spirituell!

37
Aniel

❋

Fünfter Engel der Mächte

Für alle vom 24. bis 28. September Geborenen

Aniel ist der Engel von

Brigitte Bardot
Marcello Mastroianni
William Faulkner
J. L. Jericault
F. Scott Fitzgerald
T. S. Eliot
George Gershwin
Georges Clemenceau
Papst Paul VI.

Aniel repräsentiert die Tugenden Gottes. Er kämpft gegen das Böse. Er herrscht über die Wissenschaften und Künste und inspiriert die weisen Philosophen. Seine Protegés haben eine ausgesprochen starke Willenskraft.
Aniel möchte, dass seine Schützlinge ehrlich und tugendhaft sind. Die von Aniel verliehene Kraft kann ihnen helfen, ihre Schwächen zu überwinden. Mit seiner Hilfe können sie ihre Gewohnheiten aufgeben und sich positiv verändern. Und er wird ihnen viele Siege gewähren! Aniel möchte, dass seine Schutzbefohlenen ihre Stärke und Willenskraft zum Besten anderer Menschen einsetzen. Von großer Entschlusskraft und von ihrer Umwelt hoch geschätzt, inspirieren sie die Menschen in ihrer Umgebung und wollen ihnen helfen.
Sie haben einen guten Geschmack und eine ausgeprägte Vorstellungskraft, sind sehr empfindsam und kreativ. Da sie hart und ausdauernd arbeiten, können sie durch ihre Arbeit Berühmtheit erlangen. Doch in jedem Fall wird Aniel dafür sorgen, dass sie in allen schwierigen Situationen siegreich bleiben!

38
Haamiah

Sechster Engel der Mächte

Für alle vom 29. September bis 3. Oktober Geborenen

Haamiah ist der Engel von

Mahatma Gandhi
Julie Andrews
Jimmy Carter
Truman Capote
William Rehnquist
Graham Greene
Jerry Lewis
Johnny Mathis
Deborah Kerr
Vladimir Horowitz

Haamiah beschützt diejenigen, die die Wahrheit suchen. Er herrscht über Religion, Liebe und Spiritualität. Er schützt vor Gewalt, Unwetter, Waffen und bösen Geistern.
Haamiah möchte, dass seine Protegés nach der Wahrheit suchen. Ihre spirituelle Suche kann ihnen helfen, einen Zustand der Harmonie zu erreichen. Sie können einen Weg finden, die Elemente des Wassers und des Feuers in ihrem eigenen Inneren zu verbinden. Und Haamiah wird dafür sorgen, dass sie sowohl vom Himmel als auch von der Erde vielfältige Schätze erhalten. Sie werden spirituell und materiell erfolgreich sein und ein erfolgreiches, von Liebe erfülltes Leben führen.
Intensiv und mit vielseitigem Wissen begabt, können sie sehr eindrucksvoll sein. Sie sind in der Lage, die unterschiedlichsten Menschen und Beziehungen zu verstehen. Sie wissen, wie sie andere richtig behandeln müssen, damit sie ihnen ihre Botschaft vermitteln können und ihnen das Gefühl geben, etwas Besonderes zu sein. Mit ihrem Witz und Charme gelingt es ihnen leicht, ihren Seelenpartner zu finden und eine große Liebe zu erfahren!

39
Rehael

✻

Siebter Engel der Mächte

Für alle vom 4. bis 8. Oktober Geborenen

Rehael ist der Engel von

Christiaan Barnard
Jessie Jackson
Rutherford B. Hayes
Buster Keaton
Juan Perón
Carole Lombard

Rehael herrscht über Gesundheit und Langlebigkeit. Er heilt sowohl moralische als auch körperliche Krankheiten. Er verwandelt das Schlechte in das Gute. Rehael wirkt zudem positiv auf die Liebe und den Respekt zwischen Eltern und Kindern ein.
Rehael kann seinen Protegés helfen, das, was krank ist, gesund zu machen – physisch, aber auch spirituell. Alles Schlechte muss sich vor ihm auflösen; alles, was gut ist, wird geschützt und verstärkt. Er hilft seinen Schützlingen, Verantwortung zu übernehmen und Entscheidungen zu treffen. Dieser Prozess gestattet es ihnen, jede Situation zu verbessern, und versetzt sie in die Lage, alle Arten von Problemen zu lösen. Und sie werden dabei ständig göttliche Unterstützung erhalten, sowohl spirituell als auch materiell!
Da sie voller Lebensfreude sind, ist es ihnen ein Bedürfnis, das Leben der Menschen in ihrer Umgebung zu verbessern; sie möchten die sie umgebenden Dinge und Situationen positiver gestalten. Sie sind charmant und idealistisch, doch dabei können sie recht entschlossen sein, manchmal sogar herausfordernd.

40
Ihiazel

✼

Achter Engel der Mächte

Für alle vom 9. bis 13. Oktober Geborenen

Ihiazel ist der Engel von

Luciano Pavarotti
Henry Cavendish
Yves Montand
Eleanor Roosevelt
Art Garfunkel
Margaret Thatcher
Antoine Watteau

Greifen Sie nach den Sternen! Ihiazel ist der Befreier. Er befreit die Gefangenen; er sorgt dafür, dass die Menschen von Tyrannei, Unterdrückung und allen Feinden erlöst werden.
Ihiazel hilft seinen Protegés, sich selbst von Angst und Stress zu befreien. Er möchte, dass sie ihre niederen Instinkte bekämpfen, um ein Streben nach Höherem zu ermöglichen. Er befreit sie von ihren Feinden, den inneren wie auch den äußeren. Nachdem auf diese Weise alle Hindernisse aus dem Weg geräumt sind, können seine Schutzbefohlenen ein sehr intensives Leben führen!
Ihiazel waltet zudem über Drucke und Bücher. Er übt einen wohltuenden Einfluss auf Schriftsteller und Künstler aus. Er inspiriert seine Schützlinge, sodass sie mit Begeisterung lesen, zeichnen und alle Arten von Kunst betreiben. Mit vielen Talenten ausgestattet, haben sie eine üppige Vorstellungskraft. Sie sind aufmerksam und einsichtsvoll; im gesellschaftlichen Leben, das ihnen sehr liegt, sind sie wahre Charmeure. Sie können vor allem in den Künsten Hervorragendes leisten, im Schreiben, Zeichnen und in allen Arten von Kommunikation.

VI.

Die Familie der

Tugenden

Führender Erzengel: Raphael
Planet: Sonne

❋

Eigenschaften dieser Familie:

Harmonie

Harmonie und Gewissen
Leben und Willenskraft
Verlangen und Schöpfung

41
Hahahel

❋

Erster Engel der Tugenden

Für alle vom 14. bis 18. Oktober Geborenen

Hahahel ist der Engel von:

Dwight Eisenhower
Martina Navratilova
Pierre Trudeau
Roger Moore
Chuck Berry
Montgomery Clift
Oscar Wilde
Rita Hayworth
Friedrich Nietzsche

Hahahel waltet über die Religion und all jene, die gute Werke verbreiten. Er beschützt vor Blasphemie und übler Nachrede und beeinflusst höhere Seelen.
Hahahel führt seine Protegés zur Erlangung von Liebe und Weisheit. Er möchte, dass ihr Bewusstsein nach höheren Seinsebenen strebt und dass sie das wahre Fundament des Lebens erkennen, das, was von vorrangiger Bedeutung ist. Nachdem sie ein klares Bild des Wesentlichen erlangt haben, werden seine Schützlinge unter Umständen keine Erfüllung in dieser materiellen Gesellschaft mehr finden können, auch nicht im gesellschaftlichen Leben mit seinen vielfältigen Verpflichtungen. Es kann sein, dass sie sehr kritisch werden oder sich unwohl fühlen, sich vielleicht sogar freiwillig an den Rand der Gesellschaft begeben. Ihre persönliche Harmonie finden sie auf einer höheren Stufe von Aktivitäten, zum Beispiel in selbstlosen Taten. Sie sind großzügig, selbstlos und haben eine wunderbare Seele. Sie versuchen stets, den Menschen in ihrer Umgebung Trost zu spenden. Sie sind inspiriert, spirituell oder künstlerisch begabt. Und Hahahel wird ihnen helfen, mit Erfolg ihre Ziele zu realisieren!

42
Mikael

✻

Zweiter Engel der Tugenden

Für alle vom 19. bis 23. Oktober Geborenen

Mikael ist der Engel von

Alfred Nobel
John Le Carré
Catherine Deneuve
Michael Crichton
Sarah Bernhardt
Franz Liszt
Doris Lessing
Pelé

Mikael ist der Engel der Gnade und Rechtschaffenheit. Er wirkt auf Könige, Prinzen und den Adel ein und sorgt dafür, dass andere ihre Anweisungen befolgen. Er deckt Verschwörungen auf und entlarvt jene, die versuchen, andere zu vernichten. Er führt die Gläubigen zum Licht.
Mikael verhilft seinen Protegés zur Erleuchtung, sodass sie die Gesetze der Natur und des Lebens verstehen können. Sie begreifen die Ordnung der Dinge, sind gewissenhaft, loyal und von ausgeglichener Wesensart. Sie versuchen, den ihnen nahe stehenden Menschen eine optimale Umgebung zu bereiten. Sie sind freundlich und fürsorglich.
Sie können durch ihre Lebensweise, aber auch durch ihre Arbeit, als Beispiel für andere dienen. Sie arbeiten gut als Teil eines Teams, unter einer höher gestellten Persönlichkeit oder für eine höhere Sache. Mit ihrer Neugier können auch sie ihre Umgebung erhellen, indem sie neue Ideen, Konzepte oder Gesetze ins Leben rufen. Voller Energie und bezaubernd im Umgang, sind sie in der Regel sehr anziehend. Dank ihres diplomatischen Geschicks und ihres Talents zur Kommunikation mit fremden Ländern und Kulturen stehen sie auch bei Reisen unter Mikaels Schutz!

43
Vevaliah

Dritter Engel der Tugenden

Für alle vom 24. bis 28. Oktober Geborenen

Vevaliah ist der Engel von

Theodore Roosevelt
Pablo Picasso
Hillary Rodham Clinton
Johann Strauß
François Mitterand
Georges Bizet
Warren Christopher
Dan Gable
James Cook
Julia Roberts
Richard Byrd
Jaclyn Smith

Vevaliah ist der Engel des allmächtigen Herrschers! Er waltet über Frieden und Wohlstand von Königreichen. Er stärkt die Macht der Könige, bekämpft Feinde und befreit Sklaven.
Vevaliah möchte, dass seine Protegés für den Frieden kämpfen, so widersprüchlich das auch klingen mag! Sie müssen unter Umständen zunächst innere Kämpfe bestehen, um Frieden in ihrer Seele zu finden und einen höheren Grad von Liebe, Tugend und Freiheit zu erreichen. Diese Gefühle werden sich auf ihre äußeren Taten und Kämpfe auswirken. Daraus folgt, dass sich die Situationen ihres Lebens in allen Bereichen drastisch verändern können, von einem Extrem ins andere, aber schließlich immer zu ihrem Besten! Diese Menschen fühlen sich von Macht und Ruhm angezogen und Vevaliah wird ihnen den Erfolg sichern, wenn ihre Sache gerecht ist. Sie wissen, wie man kämpft und seine Kämpfe gewinnt - und wie sie für sich selbst und andere Frieden und Wohlstand erlangen können.
Man vertraut ihnen aufgrund ihrer Taten und Dienste und die Möglichkeit ist groß, dass sie sehr berühmt werden!

44
Ielahiah

Vierter Engel der Tugenden

Für alle vom
29. *Oktober bis zum* 2. *November Geborenen*

Ielahiah ist der Engel von

John Adams
Luchino Visconti
Warren Harding
Claude Lelouch
Chiang Kai-shek
Burt Lancaster
Christoph Kolumbus
Stephanie Powers
Marie-Antoinette
Barbara Bel Geddes
Edmund Halley

Ielahiah schenkt den Sieg und beschützt vor der Verletzung durch Waffen. Er sorgt dafür, dass wir bei Gerichtsverhandlungen die Richter auf unserer Seite haben, und verhilft zu günstigen Entscheidungen in rechtlichen Angelegenheiten.
Seine Protegés haben ausgeprägte Vorstellungen und intensive Gefühle. Da sie voller Energie und Zuversicht sind, kann es durchaus passieren, dass manchmal die Pferde mit ihnen durchgehen. Ielahiah lässt ihnen Mut und Stärke zukommen. Sie sind tapfere Kämpfer und Ielahiah sorgt dafür, dass ihre Unternehmungen allezeit siegreich sind, solange sie sich nicht von falschen Wertvorstellungen in die Irre führen lassen. Dadurch sind sie einflussreich, machtvoll und unschlagbar! Sie reisen gerne und auf konstruktive Weise.
Diese Menschen können es durch ihre Leistungen zu Berühmtheit bringen, ja sogar zu Helden werden, die viel dazu beitragen, diese Welt zu verbessern. Sie sind ihr Leben lang von intensiven Gefühlen erfüllt.

45
Sealiah

✱

Fünfter Engel der Tugenden

Für alle vom 3. bis 7. November Geborenen

Sealiah ist der Engel von

Yitzhak Schamir
Bryan Adams
Marie Curie
Sally Field
Charles Bronson
Vivian Leigh
Roy Rogers
Monica Vitti
Billy Graham
André Malraux
Barry Newman
Albert Camus

Sealiah ist der universale Motor. Er kontrolliert die Vegetation und die Fruchtbarkeit, bringt allem in der Natur Leben und Gesundheit und jedem Aspekt des Lebens Energie. Den Gedemütigten, Unterprivilegierten und Unterdrückten schenkt er Kraft und Hoffnung. Sealiahs fruchtbare Energie stimuliert alles um ihn herum. Er kann jede Situation zum Besseren verändern. Selbst wenn sich seine Schützlinge in einer misslichen Lage befinden, ist es ihnen möglich, große Veränderungen in ihrem Leben vorzunehmen.

Sealiah kann dafür sorgen, dass alle Unternehmungen gedeihen. Seine Protegés haben die Ausdauer, ihren Weg bis zum Ziel durchzuhalten. Sie lernen gerne und haben sowohl die Mittel als auch die Begabung, dies ohne Schwierigkeiten zu tun.

Sealiah erwartet von seinen Schützlingen, dass sie von der gleichen warmherzigen Energie erfüllt sind wie er. Da sie neugierig und kraftvoll sind, wissen sie immer, wie sie die Menschen in ihrer Umgebung anregen können. Sie zeichnen sich durch großes Wissen aus und erfreuen sich einer guten Gesundheit. Ihre Unternehmungen sind fruchtbar und verlaufen erfolgreich.

46
Ariel

Sechster Engel der Tugenden

Für alle vom 8. bis 12. November Geborenen

Ariel ist der Engel von

George Patton
Fjodor Dostojewski
John Northrop
Martin Luther
Ennio Morricone
Iwan Turgenew
Neil Young
Grace Kelly
Margaret Mitchell
Demi Moore

Ariel ist der Engel der Offenbarung. Er enthüllt die Geheimnisse der Natur und weist den Weg zu verborgenen Schätzen.
Ariel kann seinen Schützlingen helfen, versteckte Schätze zu entdecken, sowohl spiritueller als auch materieller Natur! Seine Protegés sind zuweilen in der Lage, in ihren Träumen die Zukunft vorauszusehen. Ariel wird sie dabei unterstützen, bei sich selbst und anderen das Beste an die Oberfläche zu holen. Er möchte, dass seine Protegés einen starken, subtilen Geist entwickeln. Sie haben wunderbare Ideen und strahlende Gedanken. Sie besitzen eine ausgeprägte Wahrnehmungskraft und einen scharfen Verstand. Es ist ihnen möglich, neue Wege und Dinge zu entdecken oder innovative Ideen hervorzubringen. Diese Entdeckungen können dazu führen, dass sie in ihrem Leben neue Wege beschreiten oder tiefgreifende Veränderungen vornehmen.
Da sie eine sehr starke, magnetische Anziehungskraft besitzen, wissen sie, wie sie andere verführen und überzeugen können. Sie sind in der Lage, auch die schwierigsten Probleme zu lösen und klare, behutsame Entscheidungen zu treffen. Sie haben die Fähigkeit, ein spirituell und materiell reiches Leben zu führen.

47

Asaliah

Siebter Engel der Tugenden

Für alle vom 13. bis 17. November Geborenen

Asaliah ist der Engel von

König Hussein von Jordanien
Whoopi Goldberg
Jawaharlal Nehru
Robert Louis Stevenson
Boutros Boutros-Ghali
Claude Monet
Bernard Montgomery
Lee Strasberg
Erwin Rommel
Rock Hudson

Asaliah herrscht über die Justiz und sorgt dafür, dass die Wahrheit ans Licht kommt.
Asaliah erwartet von seinen Protegés, dass sie ehrlich und tugendhaft sind. Er beschützt vor unmoralischem Verhalten und Skandalen. Er hilft seinen Schutzbefohlenen, ihre Seele zu erheben und in Gerechtigkeit und Wahrheit zu leben. Er kann ihren Verstand erleuchten und sie zu großen Ideen inspirieren. Seine Schützlinge wissen immer, was richtig und was falsch ist, was Wahrheit und was Lüge. Ausgerüstet mit klarem Verstand und viel Mut, werden sie unvoreingenommen das verteidigen, was gerecht ist.
Da sie gewissenhaft und hilfreich sind, lassen sie sich immer ganz auf die Sache oder das Projekt ein, für das sie sich entschieden haben. Sie sind klug und aufgeschlossen und verfügen über ein ausgezeichnetes Gedächtnis. Sie können für alle Probleme Lösungen finden und sie auch anwenden. Ihre Ideen und Vorstellungen verstehen sie mit Autorität umzusetzen. Kurz gesagt, der Erfolg all ihrer Projekte und Unternehmungen ist ihnen sicher!

48
Mihael

✻

Achter Engel der Tugenden

Für alle vom 18. bis 22. November Geborenen

Mihael ist der Engel von

Charles de Gaulle
Charles Schultz
Voltaire
Chester Gould
Indira Gandhi
René La Salle
Jodie Foster
Thomas Cook
Meg Ryan
Calvin Klein
Gene Tierney
Boris Becker

Mihael waltet über eheliche Treue und Freundschaft. Er herrscht über Fruchtbarkeit und die Reproduktion aller lebenden Wesen.
Mihael möchte, dass seine Protegés in friedvollen und starken Beziehungen leben. Sie haben im Allgemeinen einen guten Rapport mit dem anderen Geschlecht, insbesondere eine tiefe, treue Liebe und Freundschaft zu ihrem Partner. Es ist wichtig für ihr persönliches inneres Gleichgewicht, dass sie diese Beziehung finden. Sie erleben fruchtbare Begegnungen mit anderen, die sich zu unverbrüchlichen Freundschaften entwickeln – auch mit Vertretern verschiedener Generationen wie zum Beispiel mit ihren Kindern und anderen Familienmitgliedern.
Sie sind sehr aktiv und können sowohl beruflich, künstlerisch als auch in jedem anderen von ihnen gewählten Bereich extrem schöpferisch und produktiv sein. Sie besitzen eine starke Intuition und haben mitunter Zukunftsahnungen. Sie sind freundlich, sanftmütig und großzügig, besitzen einen wunderbaren Sinn für Humor und großen Charme. Gesellschaftlich ziehen sie sehr viel Aufmerksamkeit auf sich.
Mihael erwartet außerdem von seinen Schützlingen, dass sie viel reisen und alle angenehmen Seiten des Lebens auskosten, sowohl spirituell als auch materiell.

VII.

Die Familie der

Fürstentümer

FÜHRENDER ERZENGEL: HANIEL
PLANET: VENUS

Eigenschaften dieser Familie:

SCHÖNHEIT

Schönheit und Sieg
Toleranz und Sanftmut
Verbindung zwischen Himmel und Erde

49
Vehuel

Erster Engel der Fürstentümer

Für alle vom 23. bis 27. November Geborenen

Vehuel ist der Engel von

Papst Johannes XXIII.
Henri de Toulouse-Lautrec
Joe DiMaggio
Dale Carnegie
Tina Turner
Rudy Tomjanovich
Little Richard
Jimi Hendrix

Vehuel strahlt wie die Sonne! Vehuel regiert die großen Persönlichkeiten, Menschen mit ausgeprägten Vorzügen und Talenten.
Er erwartet von seinen Protegés, dass sie ihre Tugenden entwickeln. Sie müssen ihre wahre Persönlichkeit und ihre wirklichen Begabungen entdecken, woraufhin sich ihr Leben verändern wird. Vehuel verstärkt ihre natürlichen Eigenschaften. Kraftvoll und mit einem freien Geist begabt, können sie alles genießen, was sich ihnen bietet, und alles wird ihnen schön und aufregend erscheinen. Sie sind so empfindsam, dass sie die Schönheit des Lebens voll in sich aufnehmen können und genauso strahlen wie Vehuel selbst.
Vehuel kann seine Protegés vor Traurigkeit und Belästigungen schützen. Er sorgt dafür, dass sie jedes Hindernis überwinden, das sich ihnen in den Weg stellt. Seine Schutzbefohlenen werden sich voll auf jede Aufgabe einlassen, für die sie sich entscheiden, und können alles im Leben erreichen. Sie geben ihre innere Dynamik an alle Menschen in ihrer Umgebung weiter. Großzügig und loyal, werden sie von anderen Menschen aufgrund ihrer Qualitäten und Taten sehr geschätzt.

50
Daniel

Zweiter Engel der Fürstentümer

Für alle vom 28. November bis 2. Dezember Geborenen

Daniel ist der Engel von

Winston Churchill
Bette Midler
Mark Twain
Tracy Austin
Jonathan Swift
Claude Lévi-Strauss
Woody Allen
Edwin Meese III
Maria Callas

Daniel herrscht über die Justiz, über Rechtsanwälte und Richter. Daniel ist außerdem der Engel der Gnade und des Trostes.
Seine Protegés zeichnen sich durch ihr gerechtes und unvoreingenommenes Urteil aus. Daniel kann sie inspirieren, wenn Zweifel sie überkommen und sie nicht wissen, für was sie sich entscheiden sollen. Sie sind in der Lage, Situationen und Menschen genau und objektiv einzuschätzen, und sie haben ein besonderes Talent als Vermittler, wenn es darum geht, Menschen miteinander zu versöhnen. Daniel gibt ihnen die moralische Stärke, Situationen völlig neu zu betrachten, und verleiht ihnen Motivation und Mut, selbst wenn sie nicht mehr weiter wissen. Er möchte, dass seine Schützlinge nach diesen Prinzipien leben und auch andere inspirieren. Sie können diejenigen trösten, die Not leiden, und ihnen neuen Lebensmut bringen.
Mit ihrem klaren Verstand und ihrer Beredsamkeit können sie ihr Urteil mit Humor kundtun und selbstverständlich haben sie alle Möglichkeiten, im Bereich der Rechtsprechung Hervorragendes zu leisten. Zudem haben sie ein ausgezeichnetes Gefühl für Literatur. Sie sind dynamisch und voller Lebenskraft, sehr unternehmungslustig und als Geschäftsleute äußerst erfolgreich.

51
Hahaziah

Dritter Engel der Fürstentümer

Für alle vom 3. bis 7. Dezember Geborenen

Hahaziah ist der Engel von

Walt Disney

Mehr muss dazu eigentlich nicht gesagt werden!

Hahaziah regiert über die Chemie und die Physik. Er enthüllt die Geheimnisse der Natur und der Medizin. Er ist der höchste Medizinmann. Wie ein Magier bringt er körperliche oder seelische Gesundheit zurück. Er will, dass seine Protegés nach Höherem streben und ihre Seele erheben mit dem Ziel, Weisheit zu erlangen. Hahaziah repräsentiert ein hohes Maß an Sanftmut und Freundlichkeit. Freundlichkeit und Aufrichtigkeit sollten im Leben seiner Schutzbefohlenen das Wichtigste sein. Sie finden Harmonie, indem sie anderen Menschen das Dasein erleichtern und angenehmer gestalten, sowohl physisch als auch spirituell. Und sie besitzen Zugang zu großem Wissen.

Seine Schützlinge wollen alles verstehen, was mit Tieren, Pflanzen und Mineralien zusammenhängt. Sie fühlen sich zu den abstrakten Wissenschaften hingezogen. Sie haben einen unabhängigen Geist und auf ihre einzigartige Weise verfolgen sie ohne Zögern ihr Ziel. Voller Energie und vielseitig begabt, neigen sie bisweilen dazu, draufgängerisch und verwegen zu sein. Sie haben eine ausgeprägte Vorstellungskraft und sind allem Neuen gegenüber aufgeschlossen. Sie sind in der Lage, wichtige Entdeckungen zu machen, und sie können für die Gesellschaft von großem Nutzen sein.

52
Imamiah

✻

Vierter Engel der Fürstentümer

Für alle vom 8. bis 12. Dezember Geborenen

Imamiah ist der Engel von

Alexander Solschenizyn
David Carradine
Eli Whitney
Frank Sinatra
John Milton
Kirk Douglas
Gustave Flaubert
Douglas Fairbanks Jr.
Sammy Davis Jr.
Kim Basinger

Imamiah waltet über Reisen und nimmt unseren Feinden die Macht. Er beschützt die Gefangenen und hilft ihnen, den Weg in die Freiheit zu finden.
Imamiah befreit seine Schutzbefohlenen aus Situationen, in denen sie unterdrückt oder ihrer Freiheit beraubt sind. Er hilft ihnen, sich von allem zu befreien, was sie zurückhält, spirituell oder physisch. Sie sind dadurch in der Lage, sich von ihren eigenen negativen Gefühlen zu befreien, die ihr größter Feind sein können. Er beschützt jene, die nach der Wahrheit suchen und die in ihrer Suche aufrichtig sind. Es ist möglich, dass seine Schützlinge eine wichtige Mission oder eine große Aufgabe in ihrem Leben zu erfüllen haben, und sie können in ihrer Umgebung sehr einflussreich und wirkungsvoll sein. Auch haben sie die Fähigkeit, sich für Menschen in Not und für Gefangene jeder Art einzusetzen.
Wenn sie auf Schwierigkeiten stoßen, zeichnen sie sich durch Mut und Geduld aus. Sie sind tapfer und stark, intensiv und voller Energie. Für welchen Bereich oder Beruf sie sich auch immer entscheiden, sie sind problemlos in der Lage, jedes Ziel, das sie sich setzen, zu erreichen.

53
Nanael

Fünfter Engel der Fürstentümer

Für alle vom 13. bis 16. Dezember Geborenen

Nanael ist der Engel von

Nostradamus
Jane Austen
Gustave Eiffel
Margaret Mead
Ludwig van Beethoven
Liv Ullmann
J. Paul Getty
Lee Remick

Nanael herrscht über die höheren Wissenschaften. Er beschützt die Philosophen, Geistlichen, Professoren und Gesetzesvertreter.
Nanael möchte, dass seine Protegés ein höheres Wissen erlangen, eine fortgeschrittene Seelenstufe und einen geläuterten geistigen Zustand erreichen. Sie sind in der Lage, die höheren Wissenschaften zu begreifen, und sie können wahre Gerechtigkeit walten lassen. Dieses höhere Wissen kann ihnen Inspiration für ungewöhnliche Arbeiten, die verschiedensten Ideen und sogar gewagte Schöpfungen geben. Sie sind visionär und imaginativ und das Vertrauen, das sie ins Leben generell haben, gestattet es ihnen, sich auf einzigartige Projekte einzulassen. Ihre Unternehmungen mögen philosophischer, spiritueller, wissenschaftlicher oder auch künstlerischer Natur sein. Sie besitzen eine feine Wahrnehmungsgabe und sind sehr detailorientiert. Selbst wenn es den Anschein hat, dass sie sich zurückgezogen haben oder in ihren Gedanken versunken sind, verlieren sie nie ihr Ziel aus den Augen, so weit entfernt es auch sein mag.
Nanael bewirkt bei seinen Schutzbefohlenen, dass sie viel Privatsphäre, Frieden und Ruhe schätzen. Sie brauchen einen stillen Platz zum Meditieren, an dem sie sich seelisch und körperlich erneuern können.

54
Nithael

Sechster Engel der Fürstentümer

Für alle vom 17. bis 21. Dezember Geborenen

Nithael ist der Engel von

Jane Fonda
Ty Cobb
Edith Piaf
Bob Hayes
Steven Spielberg
Willy Brandt
Jean Racine
Willard Libby

Nithael herrscht über Könige, Kaiser und hohe Würdenträger. Rechtmäßigen Herrschern verleiht er Stärke und Stabilität. Den Prinzen, die ihm treu sind, schenkt er ein langes, friedliches Leben.
Nithael gewährt seinen Protegés Gnade und ein langes Leben. Er schützt vor Unfällen und Stürzen. Er hilft seinen Schützlingen, ihre Position oder ihre Arbeit zu behalten. Er erwartet, dass sie ihre Kräfte und Fähigkeiten nutzen, um anderen Gutes zu tun und Stabilität und Wohlstand zu verbreiten. Er möchte, dass sie ihrer Umgebung gegenüber treu sind. Man bringt ihnen aufgrund ihrer Tugenden rasch Vertrauen entgegen und sie sind anerkannt und respektiert.
Sie haben vielfältige Begabungen und Möglichkeiten, sind ausdauernd und sehr produktiv. Sie sind oft impulsiv, manchmal sogar unbezähmbar. Ihre körperlichen Fähigkeiten können ihnen unter Umständen einen gewissen Ruf eintragen. Sie zeichnen sich vor allem durch ihre Wortgewandtheit und ihr Talent zum Schreiben aus. Darüber hinaus können sie mit ihrer magnetischen Anziehungskraft eine sehr verführerische Wirkung auf ihre Mitmenschen haben. Dank ihrer Freundlichkeit und ihres Mitgefühls für andere Wesen führen sie ein erfülltes Leben und können in dem von ihnen gewählten Tätigkeitsbereich ohne weiteres an die Spitze gelangen. Sie haben die Möglichkeit, nicht nur zum König dieser Welt zu werden, sondern auch zum König der anderen Welt!

55
Mebahiah

Siebter Engel der Fürstentümer

Für alle vom 22. bis 26. Dezember Geborenen

Mebahiah ist der Engel von

Howard Hughes
Helmut Schmidt
Louis Chevrolet
Ava Gardner
Conrad Hilton
Cab Calloway
Helena Rubinstein
Jimmy Buffett
Isaac Newton
Mary Higgins Clark
Mohammed Anwar as-Sadat
Hawayo Takata

Mebahiah repräsentiert die Ewigkeit. Er herrscht über Moral und Religion. Er hilft denjenigen, die nach hohen moralischen Grundsätzen leben, und jenen, die sich für die Wahrheit einsetzen.
Mebahiah ist außerdem sehr fruchtbar. Er bringt Trost und hilft auf allen Ebenen, damit Neues empfangen werden kann, auch wenn es darum geht, ein Kind zu empfangen. Seine Protegés sind Erbauer und Schöpfer. Mebahiah möchte, dass sie produktiv und fruchtbar sind und ihre Talente für gute, konstruktive Dinge einsetzen. Diese Menschen besitzen eine ungeheure moralische Stärke und manchmal auch eine entsprechende physische Kraft. Andere werden ihnen stets mit Respekt begegnen.
Sie sind ausdauernd, vorsichtig und gemessen, selbst wenn sie Risiken auf sich nehmen, und gehen in allen Angelegenheiten methodisch vor. Sie haben Visionen und können über sich selbst hinauswachsen, um ihre Pflichten zu erfüllen. Sie sind oft bekannt für die positive Wirkung, die sie auf ihre Umgebung haben. Sie sind Individuen, die etwas erreichen, die Großes leisten und sogar Königreiche errichten können! Sie gehören zu einer ganz besonderen Klasse von Menschen, deren Name Legende werden kann.

56
Poiel

Achter Engel der Fürstentümer

Für alle vom 27. bis 31. Dezember Geborenen

Poiel ist der Engel von

Woodrow Wilson
Gerard Depardieu
Andrew Johnson
Rudyard Kipling
Elizabeth Arden
Louis Pasteur
Marlene Dietrich
Jacques Cartier
Mary Tyler Moore
Henri Matisse

Poiels Protegés sind gesegnet, denn Poiel herrscht über Ruhm, Glück und Philosophie. Er gewährt absolut alles!
Er gewährt seinen Schützlingen so viel, in einer solch ungeheuren Fülle, dass ihnen nichts anderes übrig bleibt, als es weiterzugeben, indem sie anderen Menschen Trost und Hilfe zukommen lassen. Poiel möchte, dass seine Schutzbefohlenen anständig und bescheiden bleiben, und durch ihren angenehmen Charakter können sie leicht die Achtung ihrer Mitmenschen gewinnen.
Freigebig und mit vielen Talenten ausgestattet, können sie in jedem Bereich ihres Lebens erfolgreich sein. Sie haben ein edles Wesen und guten Geschmack, sind interessant und zuverlässig. Poiel erfüllt die Worte seiner Schützlinge mit Leben und sie sind oft charmant und von großer Überzeugungskraft. Sie haben eine ausgesprochene Begabung für jede Form von Kommunikation. Sie verdanken ihren Erfolg ausschließlich den ihnen angeborenen Talenten und der besonderen Art ihres Auftretens.

VIII.

Die Familie der Erzengel

Führender Erzengel: Michael
Planet: Merkur

Eigenschaften dieser Familie:

Wahrheit

Genauigkeit und Wahrheit
Ruhm
Gestaltung und Leben

57
Nemamiah

Erster Engel der Erzengel

Für alle vom 1. bis 5. Januar Geborenen

Nemamiah ist der Engel von

Konrad Adenauer
Isaac Pitman
William Crowe
Diane Keaton
Jakob Grimm
Victoria Principal
Isaac Asimov
Mel Gibson
Louis Braille
Don Shula

Nemamiah waltet über Admiräle, Generäle und all jene, die sich für die Gerechtigkeit einsetzen. Er befreit Gefangene. Nemamiah gewährt zudem Wohlstand und Gedeihen in allen Dingen und allen Bereichen.
Nemamiah möchte, dass seine Protegés eine edle Seele und einen noblen Geist haben. Er hält sie dazu an, sich für die Sache der Gerechtigkeit einzusetzen. Ausgerüstet mit einem klaren Verstand, intelligent und entschlossen, haben sie alle Qualitäten eines guten Kämpfers! Sie können Schwierigkeiten und Erschöpfung mit großem Mut und Ausdauer ertragen.
Mit ihrem ungewöhnlich klaren Verstand und ihren vielfältigen Talenten sind sie in der Lage, die für sie richtigen Unternehmungen und Bereiche zu wählen und sich voll einzubringen. Es ist ihnen darüber hinaus möglich, neue Konzepte oder großartige Ideen zu entwickeln. Sie verpflichten sich immer voll und ganz ihrer Sache, ob sie nun persönlicher oder beruflicher Natur ist. Sie sind im höchsten Sinne verantwortungsvoll, vertrauenswürdig und hingebungsvoll, dabei anderen Menschen gegenüber großzügig und nachsichtig. Und solange sie aus der Güte ihrer Seele heraus handeln, wird Nemamiah dafür sorgen, dass sie alle ihre Schlachten gewinnen!

58
Ieilael

✲

Zweiter Engel der Erzengel

Für alle vom 6. bis 10. Januar Geborenen

Ieilael ist der Engel von

Richard Nixon
Joan Baez
Elvis Presley
Lou Harris
Loretta Young
George Foreman
David Bowie
Simone de Beauvoir
Rod Stewart
George Balanchine
Shirley Bassey

Ieilael ist der Engel des Erzes. Er herrscht über Schlosser und Schmiede – über alle, die mit Erzen und Metallen zu tun haben. Ieilael hilft auch, Traurigkeit und Enttäuschung zu überwinden. Er kann Krankheiten heilen, vor allen Dingen Erkrankungen der Augen. Er kämpft gegen schlechte Menschen und Lügner.

Seinen Protegés verleiht er eine hohe Intelligenz, einen präzisen und methodischen Verstand. Ieilael möchte, dass seine Schutzbefohlenen tapfer und ehrlich sind. Er hilft ihnen, ohne Zorn oder Gewalt zu reagieren. Sie sind aufnahmefähig, dabei jedoch äußerst intensiv. Sie können mit ihrem scharfen Verstand die Fakten erkennen und analysieren, ohne an vorgefassten Meinungen zu hängen, und suchen dabei immer nach der Wahrheit. Ihr Geist arbeitet wissenschaftlich genau und mit großer Geduld.

Sie setzen ihre Intelligenz für ein nützliches Ziel ein, zum Wohle ihrer Umgebung, wobei sie dem von ihnen gesteckten Ziel jedes Quäntchen ihrer Kraft widmen. Als Suchende mit intuitiver Veranlagung haben sie unter Umständen ungewöhnliche Interessen und können in dem von ihnen gewählten Beruf sehr einflussreich sein.

59
Harahel

Dritter Engel der Erzengel

Für alle vom 11. bis 15. Januar Geborenen

Harahel ist der Engel von

Martin Luther King Jr.
Horatio Alger
Alexander Hamilton
John Dos Passos
Aristoteles Onassis
Martin Agronsky
Albert Schweitzer
Mario Van Peebles
Molière
Faye Dunaway
Jack London
Kirstie Alley

Harahel verwaltet Schätze, Archive, Büchereien und öffentliche Gelder. Er herrscht über Gedrucktes, Bücher und alles, was mit Büchern und Wissensverbreitung zu tun hat. Harahel ist ein sehr fruchtbarer Engel. Er sorgt sowohl für physische Fruchtbarkeit, indem er die Fortpflanzung der Menschen unterstützt, als auch für geistige Fruchtbarkeit.

Er will, dass seine Protegés sich mit konstruktiven intellektuellen Aktivitäten beschäftigen. In der Regel studieren und lernen sie gern. Und er gewährt ihnen Ehrlichkeit, Talent und Glück.

Seine Schützlinge besitzen einen intellektuellen Reichtum, der sich in erfolgreichen Unternehmungen materialisieren kann. Sie sind willensstark, können sich voll der Sache hingeben, der sie sich verschrieben haben, und folgen bedingungslos ihrem inneren Ruf. Sie sind immer entschlossen, zu wachsen und ihr Ziel zu erreichen. Sie können hohe Ideale haben, für die sie mit Mut und Stolz zu kämpfen bereit sind. Sie sind besonders erfolgreich in allen Bereichen, in denen es darum geht, ihre intellektuelle Arbeit zu verbreiten und bekannt zu machen oder sich für die Verbesserung der Lebensumstände anderer Menschen einzusetzen. Darüber hinaus sind sie talentierte Geschäftsleute, die erfolgreich Handel betreiben und Investitionen zu einem guten Abschluss bringen können.

60
Mitzrael

Vierter Engel der Erzengel

Für alle vom 16. bis 20. Januar Geborenen

Mitzrael ist der Engel von

Benjamin Franklin
Paul Cézanne
James Watt
Sade
George Burns
Dolly Parton
Buzz Aldrin
Cary Grant
Federico Fellini
Muhammad Ali
Edgar Allan Poe
Joe Frazier
Anton Tschechow

Mitzrael herrscht über hoch gestellte Persönlichkeiten, die für ihre Fähigkeiten und positiven Eigenschaften bekannt sind. Außerdem verleiht er einen gesunden Geist und befreit jene, die unterdrückt oder verfolgt werden.

Mitzrael möchte, dass seine Protegés ihre Seele läutern, um höhere spirituelle Qualitäten zu erlangen und ihren Geist von Gedanken zu befreien, die sie auf ihrem Weg zurückhalten könnten.

Sie können große geistige und körperliche Kräfte entwickeln und ein sehr hohes Alter erreichen. Sie besitzen ein klares Denkvermögen und können viele neue, bahnbrechende Ideen entwickeln. Man wird sie für ihre körperlichen oder geistigen Fähigkeiten schätzen. Sie sind sehr individuell, mit einem ganz persönlichen, eigenen Stil. Gesegnet mit großer Vorstellungskraft und Kreativität, fällt es ihnen leicht, neue Ideen oder Konzepte zu verwirklichen. Mit ihrer eindringlichen, kraftvollen Art wissen sie, wie sie die Konkurrenz in dem von ihnen gewählten Bereich überwinden können.

61
Umabel

Fünfter Engel der Erzengel

Für alle vom 21. bis 25. Januar Geborenen

Umabel ist der Engel von

André Marie Ampère
Cristóbal Balenciaga
Robert Boyle
Édouard Manet
Geena Davis
Lord Byron
Humphrey Bogart
Somerset Maugham
Steve Reeves
Virginia Woolf
Plácido Domingo
Francis Bacon
Christian Dior
Hakeem Olajuwon

Umabel hat einen teils romantischen, teils wissenschaftlichen Geist. Er herrscht über Physik und Astronomie und alle damit in Verbindung stehenden Bereiche.
Seine Protegés besitzen einen sehr wissenschaftlich orientierten Verstand und eine Begabung für alles, was mit Physik, Astronomie, Astrologie und Mathematik zu tun hat. Auch sind ihnen alle Funktionen des Körpers vertraut, einschließlich ihres eigenen.
Umabel möchte, dass seine Schützlinge reisen und alle wahren Freuden des Lebens genießen. Sie sind sehr empfindsam und tiefer Gefühle fähig. Ihre Leidenschaften sind ihre Motivation; sie folgen ihrem Herzen. Und das sollten sie auch! Ihre Gefühle werden ihnen sagen, welche Entscheidungen die richtigen sind, und sie zu kreativen Situationen führen. Sie können tiefe Liebe und wunderbare Freundschaften erleben. Vielseitig begabt und anregend, können sie äußerst attraktiv und von magnetischer Anziehungskraft sein. Sie sind romantisch, haben ein überaus empfindsames Herz und ein zuweilen sehr ereignisreiches Liebesleben. Sie sollten darauf achten, nicht der Zügellosigkeit anheim zu fallen!

62
Iahhel

*

Sechster Engel der Erzengel

Für alle vom 26. bis 30. Januar Geborenen

Iahhel ist der Engel von

Franklin D. Roosevelt
Roger Vadim
Paul Newman
Lewis Carroll
Tom Selleck
Henry Stanley
Phil Collins
Michail Barischnikow
Wolfgang Amadeus Mozart
Vanessa Redgrave

Iahhel herrscht über Philosophen und jene, die sich von weltlichen Dingen zurückziehen wollen. Er hilft, Weisheit zu erlangen.
Iahhel möchte seinen Protegés helfen, die Unstimmigkeiten des Lebens oder oberflächliche Sorgen und Bedenken zu überwinden. Er möchte, dass seine Schutzbefohlenen ihre Talente weise nutzen, um ihre Seele zu erheben. Aktiv und sensibel, wie sie sind, können sie ihre Energie überall da einbringen, wo es ihnen gefällt, und Iahhel wird ihnen helfen, diese Kraft für positive Ziele einzusetzen. Sie sollten sich eine ruhige, friedvolle Umgebung schaffen, die es ihnen ermöglicht, sich zurückzuziehen und allein zu sein. Dies wird es ihnen gestatten, ihre »Batterien« zum Wohle aller wieder aufzuladen und persönliche Harmonie zu finden. So können sie friedlich und problemlos Erfolge erzielen!
Sie besitzen eine starke Willenskraft und einen klaren Verstand, können sich ganz an ihre Ziele verschreiben und gewissenhaft und mit Freude ihre Pflichten erfüllen. Sie sind allgemein für ihre Bescheidenheit und ihre positiven Eigenschaften bekannt und geschätzt. Sie amüsieren sich gerne und genießen die Gesellschaft anderer Menschen. Intensive Beziehungen zum anderen Geschlecht sind sehr wahrscheinlich und sie werden oft zärtlich geliebt.

63
Annauel

*

Siebter Engel der Erzengel

Für alle vom 31. Januar bis 4. Februar Geborenen

Annauel ist der Engel von

Charles Lindbergh
James Michener
Clark Gable
Norman Rockwell
Valéry Giscard d'Estaing
John Ford
Prinzessin Stéphanie von Monaco
Stan Getz
Farrah Fawcett
Betty Friedan
Rosa Parks

Annauel waltet über den Handel, über Bankiers und Makler jeder Art. Er hilft außerdem bei allen möglichen Bitten und Anliegen. Er schützt vor Unfällen und beschützt die Reisenden, sorgt für gute Gesundheit und bewahrt vor Krankheiten. Und er gewährt finanziellen Schutz.
Traditionell ist Annauel derjenige Engel, der den Nationen die Kraft gibt, eine gerechte, friedliche und blühende Regierungsform ins Leben zu rufen. Dementsprechend sollten all die Geschenke, die seine Protegés bekommen, dazu benutzt werden, ihre Lebensumstände zu verbessern und ihre Feinde zu überwinden.
Annauel möchte, dass seine Schützlinge ihre Gaben klug und vernünftig nutzen. Sie besitzen einen subtilen, erfinderischen Geist, sind dynamisch, perfektionistisch und detailorientiert und können vor allem in den technischen Wissenschaften große Erfolge erzielen. Sie sind bekannt für ihren Fleiß und ihre vielfältigen Aktivitäten. Finanzielle Erfolge sind für sie eine Selbstverständlichkeit. Unterhaltsam und attraktiv, sind sie zuweilen sehr kultiviert und niveauvoll. Von ihren Mitmenschen werden sie aufgrund all dieser Qualitäten geschätzt und bewundert.

64
Mehriel

*

Achter Engel der Erzengel

Für alle vom 5. bis 9. Februar Geborenen

Mehriel ist der Engel von

Ronald Reagan
Bob Marley
Charles Dickens
Natalie Cole
Jules Verne
James Dean
Alice Walker
Jack Lemmon
Laura Ingalls Wilder
Charlotte Rampling
King Vidor
Lana Turner
François Truffaut
Mia Farrow

Mehriel beschützt Professoren, Gelehrte, Autoren und Redner. Er waltet über alles, was mit dem Drucken zu tun hat, mit Büchern und Bildern. Außerdem schützt er vor Unglück, Ärger und wilden Tieren. Mehriel sorgt dafür, dass Gedanken und Wünsche Wahrheit werden. Seine Protegés zeichnen sich durch ihre große Vorstellungskraft aus. Und jeder ihrer Wünsche, Ideen und Gedanken kann sich verwirklichen. Diese Menschen sind in der Lage, ihre Gedankengänge durch Zeichnungen, Bilder und das geschriebene oder gesprochene Wort darzulegen. Mehriel möchte, dass sie mit ihren Ideen andere Menschen informieren und unterweisen oder eine Botschaft weitergeben. Ihre Gedanken sind praktischer und produktiver Natur, im Gegensatz zu einer mehr abstrakten Form der Intelligenz. Sie sind inspiriert, folgen ihren Intuitionen, sind lebhaft und von natürlicher Wesensart. Man wird sie wegen ihrer Spontaneität und ihres unbeschwerten Verhaltens schnell ins Herz schließen.
Sie können in allen Bereichen, die mit Schreiben, Vorstellungsvermögen und verbalem Ausdruck zu tun haben, erfolgreich sein. Sie haben die Fähigkeit, große Redner oder berühmte Autoren zu werden.

IX.

Die Familie der

Engel

Führender Erzengel: Gabriel
Planet: Mond

✲

Eigenschaften dieser Familie:

FUNDAMENT

Gleichgewicht und Grundlage
Gestaltung und Leben
Vorstellungen, die Wirklichkeit werden
Diese Familie ist den Menschen am nächsten.

65
Damabiah

Erster Engel der Engel

Für alle vom 10. bis 14. Februar Geborenen

Damabiah ist der Engel von

Abraham Lincoln
Boris Pasternak
Thomas Edison
Georges Simenon
Chuck Yeager
Richard Wagner
Vivian Fuchs
Gregory Hines
Charles Darwin
Burt Reynolds
Marc Spitz
Kim Novak

Damabiah herrscht über die Meere, Flüsse, Seereisen und den Schiffsbau. Er waltet über alles, was mit Segeln, Wasser und dem Fischen zu tun hat.
Damabiah beschützt vor dem Bösen und vor Flüchen und er gewährt Weisheit. Seine Protegés genießen den höchsten Schutz vor allem und jedem, der ihnen gegenüber schlechte Absichten hat. Weisheit bedeutet im Leben seiner Schützlinge Liebe und Freundlichkeit. Damabiah möchte, dass seine Schutzbefohlenen sanftmütig und gutherzig sind, denn dann wird ihnen das Böse nie etwas anhaben können.
Es ist möglich, dass sie in ihrem Leben eine weite Reise machen müssen, und diese Reise wird sie zu einer wichtigen Entdeckung führen, einem Schatz. Diese Suche kann sowohl physischer als auch spiritueller Natur sein. Damabiah wird seine Schützlinge davor bewahren, auf ihrem Weg Schiffbruch zu erleiden, und dafür sorgen, dass ihre Reise zu einer bereichernden Entdeckung führt.
Es versteht sich von selbst, dass diese Menschen in allen Bereichen, die mit Meer und Wasser zu tun haben, erfolgreich sein können. Doch in jedem Fall wird Damabiah dafür sorgen, dass ihre Suche in einer deutlichen Verbesserung ihrer Lebensumstände mündet!

66
Manakel

Zweiter Engel der Engel

Für alle vom 15. bis 19. Februar Geborenen

Manakel ist der Engel von

Nikolaus Kopernikus
Amy Tan
Galileo Galilei
Matt Groening
Alexander Volta
Enzo Ferrari
Michael Jordan
Charles und Louis Tiffany
John McEnroe
Jane Seymour
John Travolta
Cybill Shepherd
Milos Forman

Manakel waltet über die Pflanzenwelt und die Meerestiere. Er beeinflusst den Schlaf und die Träume und hilft, das zu heilen, was krank ist.
Die Familie der Engel ist den Menschen am nächsten und Manakel versteht die Schwächen seiner Schützlinge. Er möchte, dass sie die besten Eigenschaften des Körpers und der Seele vereinen. Er hilft ihnen, ihr Los zu verbessern sowie freundlicher und liebenswürdiger zu werden, wenn dies notwendig ist. Er bringt Beständigkeit und Stabilität in ihr Handeln, sodass sie fähig werden, gute und faire Entscheidungen zu treffen.
Mit ihren angenehmen Umgangsformen können sie schnell die Freundschaft und Unterstützung einflussreicher Personen gewinnen. Sie sind äußerst empfindsam, selbst wenn sie es nicht zeigen, und zeichnen sich durch eine große Erfindungsgabe aus. Da sie stets hilfsbereit und zuverlässig sind, wird man sie als Menschen betrachten, die anderen beistehen und helfen. Sie sind lebhaft, geistreich und entschlossen. Ihre praktische Intelligenz kann ihnen helfen, die Bilder, die sie in ihrem Kopf haben, in die Wirklichkeit umzusetzen, sodass sie den offensichtlichen Weg zum Erfolg ohne Schwierigkeiten finden!

67
Eiael

Dritter Engel der Engel

Für alle vom 20. bis 24. Februar Geborenen

Eiael ist der Engel von

George Washington
Cindy Crawford
Chester Nimitz
Julius Erving
Johannes Gutenberg
Charles Barkley
Frédéric Chopin
Niki Lauda
Nina Simone
Alain Prost
Sidney Poitier
Hubert de Givenchy
William Du Bois

Eiael herrscht über Veränderungen sowie über die Dauer des Lebens und alle materiellen Dinge. Zudem ist er der Engel der okkulten Wissenschaften. Seine Schutzbefohlenen lieben Komfort, Frieden und Stille und zeichnen sich aus durch ihr Talent für die höheren Wissenschaften, unter anderem Astronomie, Physik und Philosophie.

Eiael inspiriert den Geist seiner Protegés, sodass sie die Wahrheiten des Lebens erkennen können. Er tröstet sie im Unglück, sodass es ihnen möglich ist, stets das Positive in jeder Situation zu sehen. Sie sind dadurch in der Lage, die angenehme Seite aller Dinge des Lebens zu schätzen.

Sie sind uneigennützig, großzügig und hingebungsvoll. Sie wollen vieles lernen, alles infrage stellen und Neues in Erwägung ziehen. Eiael wird sie erleuchten, sodass sie die Wahrheit in ihrem Handeln, in ihrem Inneren und in jeder Situation finden. Seine Schützlinge können dadurch wunderbar klare Ideen und Einsichten erlangen. Und er wird ihnen bei der Konfrontation mit ihren Feinden Kraft verleihen und dafür sorgen, dass sie die Wahrheit nicht verstecken müssen.

68
Habuiah

Vierter Engel der Engel

Für alle vom 25. bis 29. Februar Geborenen

Habuiah ist der Engel von

Elizabeth Taylor
Pierre-Auguste Renoir
Fats Domino
David Puttnam
Buffalo Bill Cody
Vincente Minelli
John Steinbeck
Gioacchino Rossini
Ron Santo
Georg Friedrich Händel
Victor Hugo

Die Protegés von Habuiah können in jedem Tätigkeitsbereich, für den sie sich entscheiden, die perfekten Umstände finden. Habuiah gibt seinen Schützlingen die Kraft und den Mut, in der von ihnen gewählten Richtung hart und ausdauernd zu arbeiten. Und ihre Arbeit wird Früchte tragen. Was es auch immer sein mag, für das sie sich entschieden haben, die Resultate werden phantastisch sein!
Habuiah herrscht über die Landwirtschaft und die Fruchtbarkeit. Er verleiht gute Gesundheit und heilt Krankheiten. Er ist sehr fruchtbar, in jeder Hinsicht!
Seine Schützlinge fühlen sich unter Umständen besonders zur Natur und zur Landwirtschaft hingezogen. Doch werden ihre Aktivitäten in jedem Bereich, für den sie sich entscheiden, äußerst fruchtbar und produktiv sein. Fähig und hingebungsvoll, zeichnen sie sich durch eine strahlende Lebendigkeit aus. Sie können eine wahrhaft magnetische Wirkung auf andere Menschen haben und alle in ihrer Umgebung anregen. Sie sind ein Quell der Lebenskraft und der Gesundheit und können ihren Mitmenschen dadurch das Dasein verschönern!

69
Rochel

✵

Fünfter Engel der Engel

Für alle vom 1. bis 5. März Geborenen

Rochel ist der Engel von

Michail Gorbatschow
Jean Harlow
George Pullman
David Niven
Alexander Graham Bell
Harry Belafonte
Glenn Miller
Jim Clark
Perry Ellis
Miriam Makeba

Rochel waltet über Ruhm, Glück und Erbschaften. Er herrscht über Richter und Anwälte. Rochel bringt außerdem das Licht, damit wir finden können, was wir verloren haben oder was gestohlen wurde, und damit wir die Diebe stellen können.

Er kann den Geist seiner Protegés erleuchten, sodass sie finden können, was sie verloren haben. Vielleicht müssen sie auch die Last der Vergangenheit abwerfen und neu über ihr Leben nachdenken. Rochel verleiht seinen Schutzbefohlenen die Kraft, alle äußeren Rollen aufzugeben und ihr wahres inneres Selbst zu erkennen. Dadurch können sie die Kräfte und Begabungen entdecken, die in ihnen schlummern, ohne dass sie es für möglich gehalten hätten! Diese neu entdeckten Qualitäten werden sie zu Erfolg und persönlicher Harmonie führen. Dadurch können sie eine Intensität und Energie erreichen, die durch nichts zerstört werden kann.

Sie sind stark und brillant und Rochel möchte, dass sie ihre Talente richtig und korrekt nutzen. Sie kön-nen in allen Bereichen der Rechtsprechung und in allem, was mit den Bräuchen und Gewohnheiten eines Volkes zu tun hat, Ausgezeichnetes leisten. Schöpferisch und produktiv, imaginativ und gleichzeitig praktisch veranlagt, sind sie generell ihrer Umgebung gegenüber sehr empfindsam und darüber hinaus künstlerisch begabt. Sie sind äußerst loyale Menschen, auf die man sich immer verlassen kann.

70
Jabamiah

✻

Sechster Engel der Engel

Für alle vom 6. bis 10. März Geborenen

Jabamiah ist der Engel von

Michelangelo
Yuri Gagarin
Gabriel García Márquez
Davy Crockett
Andrzej Wajda
Cyd Charisse
Cyrano de Bergerac
Sharon Stone
André Courrèges
Ivan Lendl
Maurice Ravel
Antoine Becquerel

Seien Sie dankbar für das Ihnen beschiedene Glück, denn Jabamiah ist der allmächtige Schöpfer! Er waltet über die Zeugung sämtlicher Wesen und über alle Phänomene in der Natur. Er verleiht ausnahmslos alles; er macht alles möglich!
Jabamiah repräsentiert die ewige Fruchtbarkeit. Er möchte, dass seine Protegés sich selbst regenerieren und die Harmonie in ihrer Seele wiederherstellen, indem sie ihr Wesen reinigen und die Betonung auf innere Werte legen. Dadurch können sie Meister des Lebens werden; sie halten alle schöpferischen Kräfte in ihren Händen!
Diese Menschen sind äußerst empfindsam und emotional, während ihr Geist abstrakt und aktiv ist. Sie können ihre Gedanken erfolgreich in konkreten Formen zum Ausdruck bringen. Ausgestattet mit einer ausgeprägten Vorstellungsgabe und intuitiv veranlagt, zeichnen sie sich durch eine enorme Kreativität aus. Mit ihrem sicheren Gespür für Ästhetik sind sie sehr empfänglich für Schönheit und strahlen eine magnetische Anziehungskraft aus. Sie sind für ihre Genialität bekannt und man respektiert sie wegen ihrer vielfältigen Begabungen und ihrer Lebensphilosophie. Alle ihre Unternehmungen sind kreativ und tragen vielfältige Früchte und sie werden stets glückliche Umstände antreffen, sodass sie ihre Ziele mit Erfolg realisieren können!

71
Haiaiel

Siebter Engel der Engel

Für alle vom 11. bis 15. März Geborenen

Haiaiel ist der Engel von

Andrew Jackson
Rupert Murdoch
Kemal Atatürk
Quincy Jones
Albert Einstein
Michael Caine
Paul Ehrlich
Billy Crystal
Andrew Young
Liza Minelli
Antonin Scalia
Maxim Gorki
Ruth Bader Ginsburg

Haiaiel verleiht Sieg und Frieden. Er schützt vor Menschen mit bösen Absichten und befreit die Unterdrückten. Er herrscht über Eisen, Waffenlager und das Militärwesen.
Haiaiel schützt vor jeder negativen Situation und allen zerstörerischen Einflüssen. Er möchte, dass seine Protegés ihre Fähigkeiten für positive Zwecke nutzen. Sie haben ein stark ausgeprägtes Gerechtigkeitsgefühl und setzen sich immer für eine gute Sache ein. Sie besitzen viel Kraft und immer den nötigen Mut. Sie können eine erfolgreiche Laufbahn beim Militär einschlagen; in jedem Fall werden sie jedoch die Schlachten ihres Lebens wie ein erfolgreicher General führen! Sie haben ein gutes Herz und werden stets siegreich sein, wenn sie sich für die Gerechtigkeit einsetzen.
Haiaiels Schützlinge sind mit einem scharfen Verstand und einem klaren Geist gesegnet. Sie haben Visionen und Intuitionen, denen sie unerschütterlich folgen. Sie sind schnell und klug, progressiv und entschlossen. Sie zeichnen sich durch Verwegenheit und Mut aus und werden für ihre Talente und Taten Anerkennung finden. Sie sind äußerst charismatische Menschen!

72
Mumiah

Achter Engel der Engel

Für alle vom 16. bis 20. März Geborenen

Mumiah ist der Engel von

James Madison
Kurt Russell
Wyatt Earp
Bruce Willis
David Livingstone
Spike Lee
Georg Simon Ohm
Pat Riley
Ursula Andress
Rudolf Nurejew
Glenn Close
Nikolai Rimski-Korsakow

Mumiah herrscht über Chemie, Physik, Medizin und bewirkt Gesundheit und Langlebigkeit. Er ist der Engel der Vollendung: Er bringt jedes Unterfangen zu einem erfolgreichen Ende!
Mumiah ist sehr effizient und kennt kein Mittelmaß. Er möchte, dass seine Protegés die angenehmen Seiten des Lebens entdecken und genießen. Seine Schützlinge sind die Bewahrer von Leben und Gesundheit und sie haben leidenschaftliche Wertvorstellungen, die sie mit der Intensität und Energie von Mumiah zum Ausdruck bringen! Seine Protegés zeichnen sich durch ihre Expressivität aus; sie sind weder still noch zurückhaltend, sondern aktiv und enthusiastisch. Sie repräsentieren ein gutes Gleichgewicht von Imagination und bodenständigem Verhalten. Sie sind ausdauernd und wenn sie sich auf eine Sache einlassen, führen sie diese bis zum Ende durch. Doch immer und überall werden sie in der Lage sein, das Geheimnis des Glücks zu entdecken und es mit den Menschen in ihrer Umgebung zu teilen, besonders mit denen, die sich in Not befinden. Sie haben die Macht, alles zu vollenden, was sie angefangen haben, und ihre Bemühungen in allen Bereichen des Lebens sind stets von Erfolg gekrönt!

HEYNE BÜCHER

Engel

Pietro Bandini
Die Rückkehr der Engel
Von Schutzengeln, himmlischen Boten und der guten Kraft, die sie uns bringen
13/9771

Terry Lynn Taylor
Die Engel waren zur Stelle
13/9802

Geoffrey James
Engelszauber
13/9810

Linda Georgian
Schutz-Engel
13/9668

Dorothy Maclean
Du kannst mit Engeln sprechen
13/9722

Robert C. Smith
Schutzengel und Heilengel
13/9728

Rosemary Ellen Guiley
Robert Michael Place
Tarot der Engel-Mächte
Tarot-Deck mit 78 Karten und Begleitbuch
13/9774

Gayan S. Winter
Schutzengel-Tarot
13/9807

13/9771

HEYNE-TASCHENBÜCHER